PREDADORES HUMANOS

O Obscuro Universo dos Assassinos em Série

Janire Rámila

PREDADORES HUMANOS

O Obscuro Universo dos Assassinos em Série

Tradução:
Amoris Valencia

Publicado originalmente em castelhano sob o título *Depredadores Humanos*, por Nowtilus.
© 2011, Ediciones Nowtilus SL, Madrid, Spain, <nowtilus.com>.
© Autor: Janire Rámila.
Direitos de tradução e edição para o Brasil.
Tradução autorizada do castelhano.
© 2012, Madras Editora Ltda.

Editor:
Wagner Veneziani Costa

Produção e Capa:
Equipe Técnica Madras

Tradução:
Amoris Valencia

Revisão da Tradução:
André Oídes

Revisão:
Aparecida Pereira S. Maffei
Silvia Massimini Felix

**Dados Internacionais de Catalogação na Publicação (CIP)
(Câmara Brasileira do Livro, SP, Brasil)**

Rámila, Janire
Predadores humanos: o obscuro universo dos assassinos em série/Janire Rámila; tradução Amoris Valencia. – São Paulo: Madras, 2012.
Título original: Depredadores humanos.
Bibliografia.
ISBN 978-85-370-0789-1

   1. Homicidas em série – Estudo de casos
   2. Homicídios – Estudo de casos I. Título.

12-08752   CDD-364.152320922

   Índices para catálogo sistemático:
   1. Serial killers: Estudo de casos: Patologia social 364.152320922

É proibida a reprodução total ou parcial desta obra, de qualquer forma ou por qualquer meio eletrônico, mecânico, inclusive por meio de processos xerográficos, incluindo ainda o uso da internet, sem a permissão expressa da Madras Editora, na pessoa de seu editor (Lei nº 9.610, de 19.2.98).

Todos os direitos desta edição, em língua portuguesa, reservados pela

MADRAS EDITORA LTDA.
Rua Paulo Gonçalves, 88 – Santana
CEP: 02403-020 – São Paulo/SP
Caixa Postal: 12183 – CEP: 02013-970
Tel.: (11) 2281-5555 – Fax: (11) 2959-3090
www.madras.com.br

*À minha família, com devoção.
Aos meus amigos, com carinho.
Aos meus leitores, com humildade.*

ÍNDICE

Prólogo – O vício de matar 9
Apresentação 13

Os Assassinos em Série

1. Entrando na Mente do Assassino Serial
– A essência do mal.. 19
    Psicopatas e psicóticos 22
    O motor do assassino 37

2. O Mundo dos Assassinos Múltiplos
– Fantasias, frustrações e crimes 49
    Impulsividade e oportunidade 52
    A zona de conforto 56
    Organizados e desorganizados 60
    O canibal de Milwaukee 68

3. As Assassinas Seriais – Matar não é questão
de sexo, ou é? 83
    As envenenadoras 90
    Eles também envenenam 95

4. O Problema do Tratamento
– Um horizonte muito distante 103
    O caminho primário. O psicopata: nasce ou é criado? 105
    O caminho secundário. O que fazer com
    os assassinos seriais 115

As Vítimas

5. Vítimas – As grandes esquecidas 127
    Tipos de vítima 131
    A dor das vítimas 136

6. O Significado da Vítima para o Assassino
– O sentido do sem sentido 141
    Como reconhecer um psicopata 152

As Forças da Lei

7. Os Primeiros Especialistas
– Aqueles que lutam contra monstros 163

8. Técnicas Modernas de Investigação Criminal
– Uma luz na escuridão 183
    O perfil criminoso 189
    A hipótese do círculo 199
    O assassino do Rio Verde 202

Epílogo 209
Bibliografia 213

PRÓLOGO
O vício de matar

Todo o século XIX espanhol está repleto de assassinos em série que ninguém sabe quem são. Foi um século marcado pelo *Homem do saco*, os *Sacamantecas*, o *Lobisomem de Allariz*... Criminosos muito distintos que ninguém se interessa em conhecer ou estudar. O século XX nos traz notícias de outros países onde os assassinos em série são estudados, fazem parte da intriga e parecem formar um pretexto para que a sociedade possa combater o crime. *Jack, o Estripador** é o primeiro assassino em série verdadeiramente famoso, no bairro londrino de Whitechapel, onde a miséria e a necessidade ocultam os verdadeiros motivos de um estripador. Ainda hoje, *Jack* continua sendo fonte de um grande mistério: o bruto cruel que, no entanto, tem um refinado senso de humor.

Na Espanha, anos antes de *Jack*, o *Lobisomem* já agia na Galícia e, em seguida, os *Sacamantecas* de Vitoria que, em relação a mortes, produziu mais que o inglês, e talvez mais bárbaras. Consta-me que naquele tempo até a rainha Isabel II quis saber o destino dos grandes criminosos e que o mestre de hipnose teve a oportunidade de examinar a besta antes que esta se perdesse na névoa para sempre.

Após a guerra civil não foram permitidas grandes especulações sobre a delinquência: simplesmente, e como hoje em dia, a delinquência não existia. A ditadura não permitia assassinos em série, assim como mais tarde o fariam vários governos democráticos. Era

---
*N.E.: Sugerimos a leitura de *Os Crimes de Jack, o Estripador*, de Paul Roland, Madras Editora.

como do outro lado do muro de Berlim e mais para lá, na União Soviética, onde o decreto proibia os assassinos seriais: a *Besta de Rostov* simplesmente não existe.

No resto do mundo, os assassinos em série podem ser vistos em qualquer lugar: na Alemanha, na França, na Inglaterra... mas na Espanha não existem, porque as autoridades negam sua existência. E o fazem com tanta convicção que alguns policiais chegam a acreditar que se trata de mitos inventados por jornalistas. Um assassino em série é um catálogo do mal. E todos eles escondem a chave do mistério: qualquer um pode revelar o grande segredo. Por que matam? Qualquer um deles poderia delatar todos os outros, porém, a sociedade alegre e confiante começa a negar sua existência e logo não acredita em seu poder. Enquanto os assassinos especializados em idosas matam quase todos os dias, os que preferem as crianças as sequestram sem contrapartida, e os que preferem as mulheres saciam sua sede no sangue delas.

A Espanha é um país de 14 mil desaparecidos inquietantes, onde crianças se perdem e mulheres não voltam nunca mais. A Espanha é um país que finge ser cartesiano, mas passa por ignorante, onde lentamente a ciência da criminologia mostra a profundidade da barbárie.

Em 1958, José María Jarabo põe em prática um meio de matar genuinamente americano, capaz de acabar com quatro vidas em um único fim de semana. Porém, não foi até dezembro de 2010 que a imprensa escrupulosa falou abertamente sobre *serial killers** e foi capaz de dar uma lista de nomes, possíveis criminosos seriais.

Fala-se de Francisco García Escalero, suposto mendigo psicótico que mordia o coração de suas vítimas, suposto autor de 11 assassinatos de vagabundos e sem-tetos. Seu período de atuação foi de 1987 a 1993. O título de maior assassino em série da história da Espanha é concedido a Manuel Delgado Villegas, denominado o *Melaceiro*, que chegou a confessar 48 assassinatos e foi preso em 1971 no Porto de Santa María. Era estuprador e necrófilo. Costumava visitar à noite os cadáveres de suas vítimas e abusava delas.

---

*N.E.: Sugerimos a leitura de *O Livro Completo sobre os Serial Killers*, de Tom Philbin, Madras Editora.

Prólogo

O assassino de idosas de Santander era o *Mata-velhas* que matou 16 mulheres em um ano. José Antonio Rodríguez Vega era pedreiro e se aproveitava de seu ofício para atacar mulheres que se parecessem com sua mãe. Rodríguez Vega foi apunhalado na cadeia de Topas, Santander, onde foi morto por um preso chamado *Cenouro*: "Matei o *Mata-velhas*", disse na televisão. Cumpria 440 anos de cadeia por tirar a vida de 16 mulheres, entre 61 e 93 anos.

Outro dos admitidos nessa seleção de urgência na multinacional do crime é Joaquín Ferrándiz, o *Quixote de Castellón*, que se oferecia para ajudar as jovens que ele matava. Era um homem atraente e educado.

Inclui-se Alfredo Galán Sotillo, um militar, chamado de o *Assassino do Baralho* porque assinava seus atos jogando um naipe espanhol sobre o cadáver. Foi condenado a 142 anos de prisão após ser considerado culpado pela morte de cinco pessoas. Criou pânico em 2003 em Madri com uma pistola Tokarev regulamentar do exército russo.

Os assassinos em série mais conhecidos são do gênero masculino, porém há muitas mulheres, como as grandes envenenadoras. Apesar do avanço da ciência criminal, ainda hoje capturar um psicopata continua sendo um trabalho para os melhores especialistas. E ainda mais para capturar assassinas de idosas como Remedios Sánchez ou Encarnación Jiménez, que costumam atacar suas vítimas quando parecem mais vulneráveis.

Os assassinos em série são movidos por um impulso que os leva a matar, e costumam ter um tempo de descanso entre um crime e outro, momento que aproveitam para melhorar sua técnica. Matar, para eles, é uma diversão, um autêntico vício que os torna mais poderosos. Podem ser encontrados em qualquer civilização, desde o trópico ao ártico, desde os tempos de antes da história até o ciberespaço. São uma raça forte, em perfeito estado de expansão e crescimento.

Francisco Pérez Abellán

Apresentação

Assassinos em série sempre existiram, em todas as épocas e em todas as culturas. Por isso, não se pode ter certeza, como dizem alguns, de que eles sejam um produto exclusivo de nosso tempo. Desde o caso de Sawney Bean, que matava e roubava os transeuntes na Escócia do século XV para depois devorá-los, até o mais recente êxito do assassino do baralho, a história tem nos demonstrado que enfrentamos um acontecimento repetitivo no tempo.

Para alguns esse pode ser um pensamento negativo, ao considerar triste o fato de não termos sido capazes de erradicar um tipo de criminalidade tão persistente. E talvez seja uma percepção correta, mas, como veremos neste livro, a solução não é tão fácil.

Primeiramente pelo desconhecimento que ainda persiste em relação a esses criminosos, aos motivos e impulsos guardados em suas mentes que os levam a matar e também pelo desconhecimento em relação à própria origem da psicopatia e da psicose, malformações mentais que subjazem em praticamente todos os assassinos seriais.

Nesse sentido, temos centenas de anos de desvantagem.

Em 1404 nascia na França o barão Gilles de Rais, conhecido por ser um dos generais que acompanhou Joana D'Arc na guerra para expulsar os ingleses de solo francês. Desde que seu pai morreu em 1415, De Rais se tornou o único herdeiro de um dos domínios que se estendiam desde a Bretanha até Poitou. Um poder desmesurado que foi a perdição para dezenas, talvez centenas de crianças e adolescentes das aldeias próximas aos seus castelos de Champtocé, Machecoul e Tiffauges.

Por meio de testemunhos de serviçais e companheiros de armas que testemunharam contra seu senhor no julgamento a que foi submetido, hoje sabemos que De Rais gostava de sequestrar, sodomizar, estrangular e decapitar pessoalmente esses infelizes. "Algumas vezes eram decapitados e esquartejados; outras os degolava, deixando sua cabeça unida ao corpo; outras quebrava o pescoço com um pedaço de pau; e, outras, cortava uma veia da garganta ou de outra parte do pescoço, de modo que o sangue dessas pobres crianças escorria em abundância. Enquanto as crianças agonizavam, Gilles se aproximava de seus corpos para ver como exalavam seus últimos suspiros", relatou imperturbável no mencionado julgamento seu companheiro de crimes, Griart.

Diante de tais acusações e também com a ajuda da tortura, Gilles de Rais só pôde confessar: "Desde a época de minha juventude tenho cometido muitos grandes crimes contra Deus e os Dez Mandamentos, crimes ainda piores que esses dos quais me acusam". Em 26 de outubro de 1440, era executado na forca sem que se soubesse o número exato de vítimas deixadas para trás. Alguns livros asseguram que 140; outros, mais de 300.

Aproximadamente 500 anos depois desses fatos, em 1923, algumas crianças começaram a desaparecer na localidade alemã de Düsseldorf. A polícia ficou desconcertada e não tinha nenhum suspeito. Os corpos das vítimas, algumas de 5 e 9 anos de idade, apareceram brutalmente agredidos, com as gargantas cortadas e sinais de vampirismo. O assassino confessaria mais tarde ter bebido o sangue quente enquanto emanava dos cortes. Seu nome era Peter Kürten, hoje mais conhecido nos anais do crime como o *Vampiro de Düsseldorf*. A prisão aconteceu em 24 de maio de 1930 graças à delação de sua esposa, para quem ele havia confessado previamente seus crimes. "Não tenho nenhum remorso. Quando me lembro de meus atos, não sinto vergonha; lembrar de todos os detalhes me faz sentir prazer", disse o preso, para concluir após ouvir sua sentença à morte: "Depois de me decapitarem poderei ouvir, por um momento, o som de meu próprio sangue ao escorrer por meu pescoço... Esse será o prazer dos prazeres". Ele foi guilhotinado em 2 de julho de 1931, acusado de nove assassinatos e tentativa de outros sete.

Dois casos separados por quase 500 anos, porém extraordinariamente semelhantes em seus pontos mais importantes: assassinatos frios e cruéis, assassinos movidos por uma busca irrefreável por prazer, falta de remorso durante o julgamento, vítimas desamparadas... Não pensem que eu tive de procurar muito em meus arquivos para encontrar dois casos tão parecidos. Antes tivesse sido assim, mas foi exatamente o contrário. Os assassinos em série levam séculos conformando um padrão comum que só se desvia em pequenos detalhes, como a escolha de um ou outro tipo de vítimas, o modo de matá-las, a maior ou menor permissividade da época em que viveram... No restante, a história é sempre a mesma.

Neste livro falaremos de tudo isso. E o faremos com sinceridade, sem ocultar a dureza dessa realidade. Por isso, perdoem-me se algumas páginas parecem ser especialmente difíceis de ler. Eu entendo, são histórias difíceis de digerir, mas repito, assim é a realidade em torno dos assassinos seriais. Decidi fazê-lo desse modo porque, se queremos afrontar a verdade, devemos fazê-lo de uma forma séria e madura, não lendo exclusivamente o que gostamos, mas também o que não gostamos. Pelo contrário, também lhes asseguro que não haverá espaço para sensacionalismo nem para invenções gratuitas. Esse será meu compromisso nas próximas linhas.

Meu outro compromisso será para com as vítimas, as grandes esquecidas, as duplas, triplamente maltratadas. Acredito sinceramente que todos os livros escritos até o momento sobre o mundo dos assassinos seriais as têm calado e centrado a atenção exclusivamente nos criminosos. Não me parece justo.

Vivemos em um mundo no qual a violência parece haver tomado conta de todos os âmbitos. Os meios de comunicação só nos informam dos fatos consumados, mas não o que há por trás deles, dos milhares, milhões de pessoas que sofrem diariamente essa violência e que muito poucas vezes têm a oportunidade de expressar-se. Há algo de perverso quando são oferecidos, a um estuprador ou um assassino, contratos milionários para relatar seus delitos na televisão, enquanto suas vítimas, as que sobreviveram, continuam com tratamentos psicológicos em uma tentativa de colocar nos trilhos uma vida que se viu arruinada injustamente. Para elas não há contratos milionários.

Se desejarmos um mundo mais humano, já é hora de começar a nos rebelar contra esses procederes.

E meu terceiro foco de atenção se centrará nas técnicas modernas de investigação utilizadas para prender os assassinos seriais e nos agentes da lei, com frequência desprezados e questionados, enquanto se esquece de que a imensa maioria deles é composta de profissionais excelentes que velam por nossa segurança, pondo em risco, muitas vezes, sua própria vida.

Todos juntos conformam o que poderíamos chamar de mundo dos assassinos em série e que já está na hora de começarmos a repassar. Porém, antes me permitam mais uma observação: não se deixem vencer pela tristeza quando lerem os primeiros capítulos. Assim como o raio do sol que ilumina o dia entre as nuvens de uma terrível tempestade, à medida que as páginas forem passando iremos recuperando a esperança perdida.

San Sebastián, 5 de novembro de 2010.

Os Assassinos em Série

1

Entrando na Mente do Assassino Serial

A essência do mal

A definição comumente aceita para assassino serial é a de uma pessoa que matou ao menos em três momentos e lugares diferentes separados com nitidez e com um espaço de tempo suficiente entre um crime e outro. Por suficiente deve-se entender que não sejam mortes simultâneas, mas espaçadas em intervalos que podem ser desde várias horas até dias, meses e, inclusive, anos.

A definição foi elaborada pelo Departamento de Ciências da Conduta do FBI para distinguir entre os assassinos múltiplos (*mass murderer*), aqueles que matam quatro ou mais pessoas em um só ato de violência e em um mesmo cenário; dos assassinos em série (*serial murderer*). Desse modo, o massacre de Columbine, a escola de ensino médio no Colorado (Estados Unidos) onde, em 20 de abril de 1999, Eric Harris e Dylan Klebod, de 18 e 17 anos de idade, respectivamente, mataram a tiros 15 pessoas e feriram outras 24, pertence à primeira categoria, enquanto que os cinco assassinatos oficiais cometidos por *Jack, o Estripador*, entre agosto e novembro de 1888 no bairro londrino de Whitechapel, se enquadram na segunda.

Sobre esse Departamento de Ciências da Conduta do FBI falaremos profusamente ao longo do livro, mas neste momento basta dizer que seus integrantes são os maiores especialistas mundiais em criminosos seriais. E não somente em relação aos assassinos, mas

*Entrada da sede do FBI em Quantico,
lugar de treinamento para novos recrutas.*

também a estupradores ou piromaníacos. O departamento se encontra na central do FBI em Quantico (Virginia), e para que estejamos mais familiarizados basta assistir ao filme *O silêncio dos inocentes* (Jonathan Demme, 1991). Se estiverem lembrados, no início do filme nos deparamos com a protagonista Clarice Sterling (Jodie Foster) treinando em uma área de mata fechada e, logo em seguida, entrando em um prédio. Bem, esse prédio é o mencionado Departamento de Ciências da Conduta, hoje rebatizado como Unidade de Apoio Investigativo (BSU). Quando não conseguiu a autorização do FBI para filmar em suas instalações, o diretor optou por recriá-las perfeitamente no estúdio, com as informações que já temos sobre como essa unidade é por dentro.

A BSU nasceu em 1974 graças à iniciativa de dois agentes especialmente conscientes do problema dos assassinos seriais, Howard Teten e Pat Mullany. Até aquele momento, os crimes cometidos por *serial killers*, como também são conhecidos, recebiam o nome de "assassinatos cometidos por desconhecidos" para diferenciá-los daqueles em que as vítimas morriam pelas mãos de alguém conhecido, geralmente um parente. E muito pouco ou quase nada se sabia sobre eles naquela época.

Como já foi dito na apresentação, os assassinos seriais sempre existiram, mesmo que nem sempre tenham sido considerados como

*Academia do FBI em Quantico, Virginia, o órgão
policial mais preparado para a luta contra os assassinos seriais.*

tais. Até meados do século XIX, os parentes e vizinhos das vítimas não podiam entender como uma pessoa agia com sadismo e desprezo pela vida humana. A única explicação possível era a de que um demônio a tivesse possuído, controlando sua vontade para fazer o mal. Não eram pessoas, mas demônios da noite, licantropos ou vampiros. Na mente de nossos antepassados não havia outra explicação para que alguém matasse seus semelhantes sem motivo aparente. Na Espanha temos um dos exemplos melhor documentados, e para conhecê-lo voltaremos no tempo até o ano de 1852, na pequena aldeia galega de Allariz, situada entre a capital Ourense e a fronteira com Portugal.

Naquele tempo os vizinhos de Allariz e das aldeias próximas se mostravam aterrorizados. Fazia alguns anos, já eram várias as vizinhas dos arredores que não davam sinal de vida. As primeiras foram Manuela Blanco, de 47 anos, e sua filha Petra, de 6. Elas haviam migrado da Galícia para começar uma vida nova e melhor como empregadas na florescente Santander, mas ninguém sabia se haviam chegado. Mais tarde aconteceu o mesmo com Benita, irmã de Manuela, de 31 anos, e com seu filho Francisco, de 10. Depois deles, desapareceram Josefa, de 43 anos, e seu filho adolescente, e Antonia Rua com suas filhas mais novas, Peregrina e María. Nenhuma carta foi entregue à família na Galícia e nem um só centavo foi enviado para paliar a pobreza de quem ficou nas aldeias.

Entre os vizinhos começa a surgir um nome, Manuel Blanco Romasanta, o gentil mascate de Allariz que se prestou a conduzi-las rumo ao leste por meio de caminhos somente por ele conhecidos. No momento era só uma intuição, porém quando os irmãos de Benita e Manuela se encontram com uma mulher usando as roupas das duas desaparecidas vendidas pelo mascate, a suspeita adquire força e a Guarda Civil procede com a detenção de Romasanta. Não há como escapar e o preso confessa seus atos. E mais, acompanhado pelo juiz de instrução, conduz os policiais até o lugar dos crimes, onde explica como arrebentou seus corpos frágeis e indefesos. Os corpos de 13 vítimas.

O relato é tão assustador que ninguém pôde compreender como um mascate tão gentil pudesse ter sido capaz de assassinar de modo tão sangrento. Logo em seguida, espalha-se o boato de que Romasanta é, na verdade, um lobisomem. O próprio juiz aceita essa explicação, iniciando um processo que até hoje pode ser consultado no Arquivo Histórico do Reino de Galícia sob o nome *Causa 1788, do Lobisomem*. Encontrando uma possível salvação nesse boato, Romasanta assume a identidade de licantropo, inventando um relato em que a lua cheia, a maldição do sétimo filho homem e uma irresistível sede de sangue humano são os protagonistas. A mentira é tão bem elaborada que, em 1853, a rainha Isabel revoga a pena de morte por garrote vil, substituindo-a pela prisão perpétua.

Psicopatas e Psicóticos

Por sorte, enquanto isso acontecia na Espanha, na Europa a percepção em relação a esses criminosos começava a mudar. O surgimento da psicanálise, junto com as teorias revolucionárias de Freud e Jung, colocará a ênfase na mente humana. Os fatos delitivos especialmente cruéis já não são promovidos por agentes diabólicos, mas pelo próprio indivíduo, por sua mente. É um avanço muito importante, porém em certa medida ainda imaturo, já que os assassinos em série são considerados loucos, doentes mentais, o que logo veremos não ser verdade na maioria dos casos.

Um dos poucos profissionais que enfrenta a questão sem preconceito é Richard Krafft-Ebing, autor em 1886 do primeiro livro dedicado às perversões sexuais, *Psychopathia sexualis*. Esse famoso psiquiatra na época teve a sorte de poder examinar o italiano Vincent Verzeni, assassino confesso de várias jovens entre 1867 e 1871. Apesar de que Verzeni bebia o sangue de suas vítimas, sintoma de loucura para seus colegas, Krafft-Ebing constatou que em nenhum momento o preso havia perdido o controle sobre seus atos e que era o impulso sexual o que o havia levado a matar, demonstrando uma premeditação não compatível com um estado de loucura.

> Tão logo pegava a vítima pelo pescoço, experimentava uma excitação sexual. Não se importava se as mulheres eram velhas ou jovens, feias ou bonitas, para sentir-se excitado. Em geral, o simples fato de agarrá-las pela garganta e deixá-las viver o satisfazia. Nos dois casos de assassinato a satisfação sexual demorou a chegar e ele continuou a apertar até que as vítimas morreram. Esse ato de estrangulamento lhe proporcionou uma gratificação superior à de uma masturbação.

O psiquiatra Richard Krafft-Ebing foi um dos primeiros especialistas a entrar com seriedade na mente dos assassinos seriais.

Com suas conclusões, Krafft-Ebing havia se adiantado quase cem anos àquela que talvez seja a mais importante investigação realizada sobre a mente dos assassinos seriais. Seu protagonista foi o já lendário ex-agente do FBI Robert Ressler, criador do termo *"assassino em série"*. Em 1978, Ressler obteve autorização do FBI para desenvolver seu Projeto de Investigação da Personalidade Criminal (PIPC). A ideia era simples: entrevistar os assassinos em série presos nas prisões americanas para indagar as motivações que os levaram a matar, aprofundar-se em sua personalidade, sua infância, adolescência... Ou seja, em todos os aspectos que fossem importantes para compreender como funciona a mente desses criminosos.

A tarefa não foi fácil. Muitos dos encarcerados se negaram a receber Ressler, e outros tantos que o fizeram aceitaram simplesmente por acreditar que, dizendo o que o agente desejava ouvir, suas penas seriam reduzidas, de morte ou cadeia perpétua quase todas. Não foi assim, é óbvio. Mas houve mais problemas. Ressler percebeu logo no início que esses homens eram grandes mentirosos, fato pelo qual mais entrevistas que as determinadas foram necessárias para extrair algo de verdade daquelas declarações.

Para termos uma ideia do tipo de pessoas que Ressler entrevistou, basta mencionar os nomes de Jeffrey Dahmer, o *Açougueiro de Milwaukee*, autor de 17 mortes; John Wayne Gacy, assassino de 33 pessoas, ou Ted Bundy, com 23 assassinatos comprovados nas costas.

Porém, Ressler era um homem de convicção e paciência, motivo pelo qual o resultado final foi tão satisfatório que o PIPC continuou com outros agentes após a saída de Ressler do FBI. Ainda hoje ele continua ativo com novos presos a ser interrogados. Às conclusões extraídas pelo PIPC sobre o mundo dos assassinos seriais devem ser adicionadas as conseguidas por meio de estudos realizados em universidades privadas e públicas, hospitais, centros psiquiátricos; e as investigações realizadas por criminologistas independentes, psicólogos, psiquiatras...

Desse modo e com dados bem processados nas mãos, o que podemos começar a dizer sobre os assassinos seriais? Em primeiro lugar, a relação íntima existente entre eles e dois desvios mentais: a psicopatia e a psicose.

A psicose é uma doença mental que provoca em quem a tem uma alteração de seu sentido de realidade. O psicótico constrói um

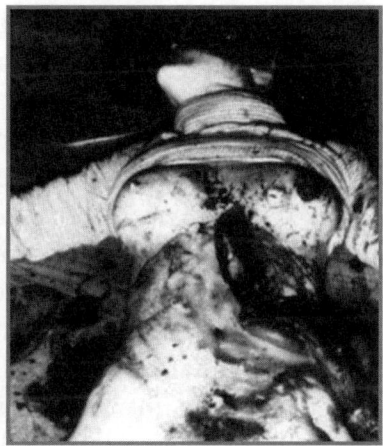

À esquerda, Richard Trenton Chase, exemplo do perfeito assassino psicótico. Segundo sua mente, ele tinha de matar para regenerar seu sangue que estava se transformando em pó. À direita, uma de suas vítimas.

mundo próprio no qual o bem e o mal se fundem, levando o indivíduo a não ser consciente de seus atos. O ambiente, os valores, as normas comuns a nós não vigoram da mesma maneira em seus cérebros danificados, originando, muitas vezes, situações chamativas. Para não levar a equívocos, nem todos os psicóticos são perigosos, de fato; a imensa maioria é totalmente inofensiva, mas às vezes alguns fatores se juntam, transformando-os em assassinos. O que acontece com os doentes mentais é que os meios de comunicação só nos falam daqueles que cometeram atos reprováveis e especialmente cruéis, originando no espectador a sensação de que essas pessoas devem ser mantidas a distância.

Uma das histórias mais paradigmáticas dessa realidade enviesada é a de Richard Trenton Chase, o jovem de 27 anos de idade que em 1977 iniciou sua escala criminal acabando fortuitamente com a vida de seu vizinho Ambrose Griffin. Richard saiu de sua casa, atirou aleatoriamente com seu rifle de caça e o azar fez com que a bala atingisse Ambrose Griffin.

Desde sempre Chase havia se caracterizado por ter uma personalidade esquiva em relação aos humanos e cruel com os animais, os quais torturava e queimava por pura diversão. Desde aquele 1977, todos o conheceriam pela especial brutalidade desenvolvida em suas vítimas, as quais esfaqueava, esquartejava e estripava, para levar ao seu apartamento as vísceras que mais o atraíam. Depois as guardaria em cubos ou recipientes de plástico. Seu vício em beber o sangue dos corpos desmembrados, sob a crença de que o seu estava se transformando em pó e era, por isso, necessário regenerá-lo, lhe valeu o apelido de o *Vampiro de Sacramento*. No julgamento posterior, quando falou sobre uma conspiração promovida contra ele por agentes extraterrestres e grupos nazistas, o criminoso se mostrou como o que realmente era: uma pessoa mentalmente doente sem nenhum controle médico ou familiar.

No entanto, não quero, neste livro, me aprofundar em exemplos muito batidos, motivo pelo qual falarei um pouco mais sobre nomes pouco ou menos conhecidos, como o de Herbert Mullin, um homem baixo e magro – media 1,52 metro e pesava 54 quilos – que era descrito pelos seus vizinhos como uma pessoa sã e normal. Ao menos assim era visto até o momento em que terminou os estudos secundários no final dos anos 1960 na localidade californiana de Santa Cruz. Nesse momento, Mullin começou a flertar com a maconha e o LSD, substâncias que aceleraram de tal forma sua esquizofrenia paranoide que sua personalidade e seu aspecto exterior mudaram radicalmente.

A esquizofrenia paranoide é um tipo de psicose caracterizada em seu aspecto mais comum no qual o doente reúne informações e dados enviesados de diferentes fontes, criando em sua mente uma ilusão que pode levá-lo a acreditar que seja o centro de uma conspiração ou o eleito para realizar um determinado ato, por exemplo. Essas crenças costumam vir acompanhadas de vozes ou imagens somente perceptíveis pelo sujeito. Mesmo que a imensa maioria dessas pessoas seja inofensiva e possa levar uma vida quase normal com o uso de medicamentos prescritos, os crimes cometidos são tão horríveis que, como antes apontava a ira popular, levam a estigmatizar todos os doentes mentais.

Após sua incursão nas drogas, o aspecto e o caráter de Herbert Mullin mudam radicalmente. Durante uma época usa roupas *hippies*, passando, de repente, a usar roupas de executivo. Até então havia tido sucesso relativo com as mulheres, mas, como nenhuma delas aceita os seus pedidos de casamento, Mullin decide ser *gay*. Estava claro que ele não era, e os *gays* com quem entra em contato o rejeitam imediatamente.

Durante os próximos meses Mullin treina para ser um boxeador profissional, apresenta-se como voluntário no Exército sem sucesso, mora com uma mulher muito mais velha e mentalmente doente, vai ao Havaí para se aprofundar nas religiões orientais... O que estava acontecendo? Simplesmente Mullin não estava encontrando seu caminho e, como se diz popularmente, estava mais perdido que cego em tiroteio. Porém, a situação é muito grave. Aos 25 anos de idade, Mullin havia se transformado em um inadaptado social, era incapaz de permanecer em um emprego por mais de duas semanas e não tinha vínculo familiar nem estabilidade emocional.

Sua mente forja a crença de que, se a Califórnia ainda não havia sucumbido ao grande terremoto, era porque a guerra do Vietnã deixara um número suficiente de vítimas americanas para aplacar a ira da natureza. Por isso, quando em 1972 se vislumbra o final dessa guerra tão infame, Mullin decide prosseguir com a "ofcrenda" de sangue para evitar o grande terremoto. A primeira vítima é um vagabundo de 55 anos que ele pega com seu carro. Aproveitando um descuido, quebra-lhe a cabeça com um bastão e abandona seu corpo em um bosque próximo. Duas semanas depois, faz o mesmo com outra carona, a qual ele mata esfaqueando-a no peito. Arrasta seu corpo para outro bosque, abre seu abdome e pendura as vísceras em diferentes galhos para observar se estão contaminadas. Sua mente associava o aumento da contaminação com a chegada do terremoto.

Quatro dias mais tarde, Mullin entra em um confessionário, a 24 quilômetros de Santa Cruz, e mata o padre a golpes de facadas, segundo ele, porque este se havia oferecido como voluntário para ser o próximo sacrificado.

A essas alturas a polícia já havia encontrado o primeiro cadáver, porém é incapaz de relacioná-lo com o assassinato do padre. A segunda vítima ainda levaria vários meses para ser localizada. Para não me estender muito, apenas direi que nos dias seguintes Mullin assassinou mais nove pessoas. Ele só foi detido pela polícia quando matou a 12ª vítima, com um tiro em frente à casa de seu pai. No julgamento ficou patente sua doença mental, apesar de ter sido preso junto com criminosos profissionais totalmente sãos.

A outra categoria mencionada é a dos psicopatas, muito mais perigosos que os psicóticos por duas razões principais. A primeira porque costumam ser pessoas perfeitamente integradas na sociedade, e a segunda porque, quando liberam sua fúria descontrolada, a tendência comum é que se transformem em assassinos seriais. Talvez por isso, o professor de Psicologia da Universidade de Valencia e grande especialista criminal, Vicente Garrido Genovés, os qualifique como "o ser humano mais perigoso que existe".

O esclarecimento mais importante que devemos fazer sobre eles é o de que não são doentes mentais; repito, não são doentes mentais. Vou me aprofundar mais sobre esse detalhe no quarto capítulo; porém, como me adiantei, basta dizer que não ser um doente mental implica saber diferenciar perfeitamente o bem do mal. Como foi constatado, os psicóticos se caracterizam por ver a realidade de forma totalmente distorcida, mas os psicopatas a veem como é, e por isso sabem que matar é proibido e que, se forem pegos, acabarão na cadeia. Para exemplificá-lo, aqui está a frase que o assassino serial Henry Lee Lucas disse à polícia ao ser preso: "Sei que não é normal matar uma mulher só para ter relações sexuais com ela". Esse homem havia iniciado em 1930 sua ascensão criminal apunhalando sua mãe enquanto ela dormia. Tinha então 23 anos de idade.

Por esse crime foi internado em vários hospitais, onde foi diagnosticado como psicopata sádico com desvios sexuais e sadismo; apesar disso, recebeu alta anos mais tarde. No mesmo dia em que sai do hospital assassina duas mulheres, dando vazão a seus instintos homicidas por tanto tempo reprimidos no hospital, e que provocam sua prisão em 11 de junho de 1983. Naquela época ele já havia matado 157 pessoas. Em uma entrevista para a televisão, disse: "Eu era o terror das mulheres. Para mim, elas não deviam existir. Eu as odiava e, quantas mais matasse, melhor".

Explicadas as diferenças mais substanciais entre os psicóticos e os psicopatas, devem se fazer outros esclarecimentos importantes. O primeiro é que nem todos os assassinos seriais pertencem sempre a um desses dois grupos, mesmo que as estatísticas nos indiquem que a maior parte deles se encaixa neles. Estudos recentes dizem que a porcentagem de assassinos em série psicóticos está entre 10% e 20%. A porcentagem restante é quase integralmente pertencente aos psicopatas.

O segundo esclarecimento: nem todos os psicopatas têm o mesmo grau de psicopatia e, por conseguinte, nem todos acabam se transformando em criminosos e muito menos em assassinos seriais. Para termos uma ideia da incidência dessa anomalia comportamental no mundo, a Organização Mundial da Saúde apontou, em 2003, que cerca de 20% da população espanhola padecia de algum grau de psicopatia. Cerca de três anos antes, havia calculado que nos Estados Unidos moravam 2 milhões de psicopatas, dos quais 100 mil residiam em Nova York. Desse modo, teríamos de falar de psicopatas e de psicopatas assassinos, porém vocês hão de permitir que eu use os termos psicopatas e assassinos seriais indistintamente a partir de agora para agilizar a leitura. No entanto, tenham em mente os esclarecimentos mencionados.

Quais são as características principais dos psicopatas? A psiquiatria divide sua mente em duas áreas bem diferenciadas, a que engloba sua personalidade essencial e a centrada em seu estilo e modo de vida. Com respeito à primeira, os psicopatas se caracterizam por ser pessoas loquazes, de forte encanto pessoal, mesmo que, se nos aprofundarmos, observaremos que esse encanto é meramente superficial. Ou seja, os psicopatas são atraentes em um primeiro momento, sabem conversar, ser simpáticos, agradar... porém, quando são tratados com maior profundidade, como podem fazer os pais ou um cônjuge, é quando se vislumbram com clareza suas carências afetivas.

Em quase todos os livros que viermos a ler sobre o assunto encontraremos o nome de Ted Bundy como paradigma de psicopata encantador e eloquente. Era assim que as pessoas que o conheceram o descreviam, como alguém "atraente e cativante". Em um relatório realizado durante sua época de estudante universitário, um de seus professores o caracterizou como "um jovem maduro, muito responsável e estável emocionalmente. Não consigo encontrar nenhum defeito significativo". É óbvio que naquela época Ted Bundy era um estudante brilhante, inveja de todos os seus colegas que o observavam atônitos

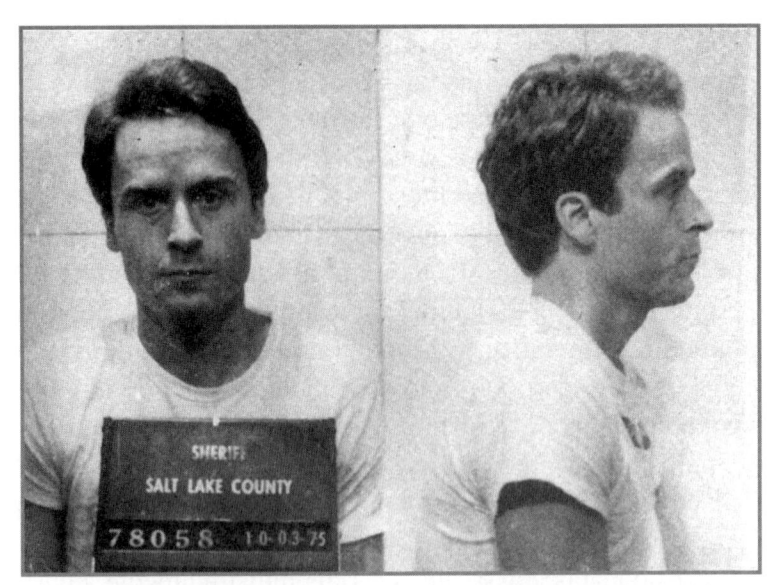

Ted Bundy, um dos assassinos mais prolíficos dos Estados Unidos e exemplo de criminoso organizado.

aprendendo chinês e cursando várias disciplinas ao mesmo tempo. Uma pena que essa progressão acabasse abruptamente quando Bundy soube que a pessoa que ele considerava sua irmã era realmente sua mãe, e que a garota com quem namorava há um tempo havia rejeitado seu pedido de casamento.

Bundy tem nessa época 21 anos de idade e sua vida muda completamente. Em 1973, comete seu primeiro crime. Sodomiza, estrangula e degola uma caroneira de 15 anos. Decidido a continuar matando, idealiza um ardil para atrair futuras vítimas que demonstra o alto grau de organização desse criminoso. Engessando o braço, simula uma avaria em seu fusca Volkswagen e pede ajuda às jovens que passam por ele, para subir algum móvel ou para fazer funcionar o veículo. Estas, ao ver seu braço engessado, se prestam a ajudá-lo, momento que ele aproveita para bater nelas, deixá-las inconscientes e colocá-las na parte traseira do veículo. Para que a armadilha funcione, Bundy cuida de seu aspecto físico e utiliza palavras que inspirem confiança.

Com esse e outros ardis matará um número ainda indeterminado de mulheres, sendo preso em 1978 e condenado à morte por 30

Carro Volkswagen no qual Ted Bundy sequestrava suas vítimas. Atualmente exposto no museu do crime dos Estados Unidos.

assassinatos comprovados. Foi executado na cadeira elétrica em 24 de janeiro de 1989.

Porém, Bundy não é somente o exemplo perfeito do psicopata assassino e encantador, também o é do psicopata mestre da mentira, a segunda característica associada a essas pessoas.

Em geral, já que estamos falando em termos estatísticos, os psicopatas são mentirosos e manipuladores. A mentira se transforma em um estilo de vida e os acompanha desde o nascimento até a morte. Mentem quando estão livres, quando são interrogados, quando estão a ponto de ser executados; mentem para suas famílias, seus amigos, advogados... A única ocasião em que se tem constatado uma sinceridade real é quando são presos pela primeira vez. Esse é um momento muito delicado para o criminoso, porque a invulnerabilidade que até então tinha se quebra, e sua mente afronta o destino que pode ter: a cadeia ou a pena de morte. Mais um exemplo para demonstrar que eles sabem distinguir perfeitamente o bem do mal.

Nesse instante, durante os interrogatórios iniciais e se as provas forem suficientemente conclusivas, o assassino, quase com certeza, confessará seus crimes. No entanto, quando observa que o processo judicial será longo e que, no momento, não tem nada a temer, rapidamente recupera a confiança perdida e volta a se refugiar na mentira. É inacreditável que nessas condições, com tantas provas contra si, ele continue confiante em que sua capacidade persuasiva lhe evitará qualquer sentença que não seja a exoneração dos cargos imputados, mas é assim.

As pessoas que tiveram a oportunidade de entrevistar Ted Bundy na prisão se lembram de que ele sempre proclamava sua inocência e que, quando dava sinais de que confessaria seus crimes, costumava contradizer suas palavras. Para evitar cair em contradição, começou a falar com os jornalistas na terceira pessoa, disciplina na qual se tornou um especialista.

A seguir, copiarei parte de um texto retirado do livro *A Única Testemunha Viva* e, por sua vez, recolhido pelo professor Garrido em sua obra *A Mente Criminosa* (Temas de Hoje, 2007), em que os autores transcreveram parte de algumas entrevistas feitas a Bundy realizadas na prisão. Estude o leitor atentamente a declaração, para compreender até que ponto chega o grau de manipulação e mentira dessas pessoas.

> Para conversar (com uma vítima) é necessário não participar dos aspectos pessoais do encontro. Deve poder falar de forma amigável e tranquila, como se (o assassino) estivesse assistindo a um filme. Há de manter a conversa para que tudo pareça que é algo completamente normal e que ela não se alarme. Ele não quer que ela comece a suspeitar que possa haver algum plano oculto. Essa é a razão pela qual ele não deve pensar no que vai acontecer, porque isso o deixaria nervoso e ele acabaria se traindo.

Sobre isso, também foi muito esclarecedora a entrevista que o citado ex-agente do FBI, Robert Ressler, realizou na prisão com John Wayne Gacy, autor da morte de 28 homens. Esse é ao menos o número de homens que apareceram enterrados sob o porão de sua casa.

Gacy, que durante anos se mostrara como um membro importante de sua comunidade, destacando-se como empresário da construção e como palhaço para as crianças em seu tempo livre, escondia uma vida privada dominada por uma homossexualidade reprimida e instintos assassinos que seriam o motivo de sua execução em maio

John Wayne Gacy trabalhava como palhaço para as crianças do bairro. Era um membro muito respeitado de sua comunidade, até que 28 cadáveres enterrados sob o porão de sua casa foram descobertos.

de 1944 por injeção letal. Com a promessa de um contrato de trabalho ou de uma relação sexual remunerada, trazia jovens para sua casa, onde os enganava, drogava, amarrava e estrangulava com uma corda, um saco plástico ou com suas próprias mãos.

Na citada entrevista com Robert Ressler, Gacy negou todos os fatos, apesar de – lembre-se leitor – terem sido encontrados 28 cadáveres enterrados em sua casa. Além disso, negou ser homossexual, explicando que somente fazia sexo com homens por não dispor de tempo para cortejar mulheres e porque o encontro sexual masculino era mais barato. Também afirmou ter realizado operações secretas para o condado de Cook, onde morava, e ter servido na Marinha do Vietnã. Ambas as afirmações eram falsas, Gacy era um mentiroso patológico.

Agora, por que mentir de maneira tão descarada podendo ser desmascarado tão facilmente? A resposta se encontra com outra das características dessas pessoas: pela insatisfação que sentem com suas vidas e os desejos de alcançar o que sempre quiseram. Isso, que é comum em muitos dos mortais, adquire neles elementos dramáticos, porque em sua busca por essa vida ideal não lhes interessa quem seja destruído no caminho.

O que esses criminosos tentam conseguir com seus atos é transformar-se em outra pessoa, ser alguém diferente. O assassino serial procura transformar a realidade circundante por meio do assassinato, da mesma forma que o drogado utiliza as drogas para fugir do mundo e ir para outro que lhe proporcione a paz e o prazer que anseia.

Quando Edmund Emil Kemper III foi preso, em 1973, disse aos seus captores o seguinte:

> Eu acho que é uma sociedade muito falsa, um mundo muito falso, onde as pessoas estão tão ocupadas traindo tantas coisas para poder existir e encaixar-se no grupo que perderam de vista seus objetivos e metas pessoais. Eu estava completamente perdido e muito amargurado por esses falsos valores e essa falsa existência, e decidi que não iria ser eu quem arrancaria as ervas daninhas, porque para isso teria de matar quase todo mundo, mas eu golpearia o que mais estava em fazendo mal, que era uma área, suponho que muito profunda, em que queria me encaixar com mais força, e na qual não havia me encaixado nunca, ou seja, no grupo dos que estão dentro.

O que Kemper desejava, definitivamente, era encaixar-se na sociedade e, ao não conseguir, começou a matar como forma de vingança e também como uma tentativa de mudar ou fazer desaparecer essa área que, ele comenta, tanto lhe desagradava. Por "área" ele chama os arredores do condado de Santa Cruz, na Califórnia, onde havia ido morar com seus avós pelo medo que sua mãe tinha de que seu próprio filho estuprasse suas meia-irmãs. Kemper nasceu em 1950 e, desde muito pequeno, mostrou uma estranha fascinação pela morte. Costumava decapitar as bonecas de suas meia-irmãs e ao menos em uma ocasião decapitou um gato, o qual pendurou em seu quarto. Além dessa atitude, não ajudava em nada a incrível altura de Kemper, mais de dois metros. Esse detalhe e sua forte compleição o faziam um gigante desses com quem ninguém quer cruzar em uma rua escura.

Com os avós, a situação piorou até o ponto em que em uma noite aproveitou que estavam dormindo para assassiná-los. No primeiro centro hospitalar em que foi internado, é diagnosticado como paranoico e é decidida sua internação no Hospital Mental Estatal de Atascadero. Kemper não se considera um criminoso, e com paciência e uma forte autodisciplina consegue convencer seus médicos

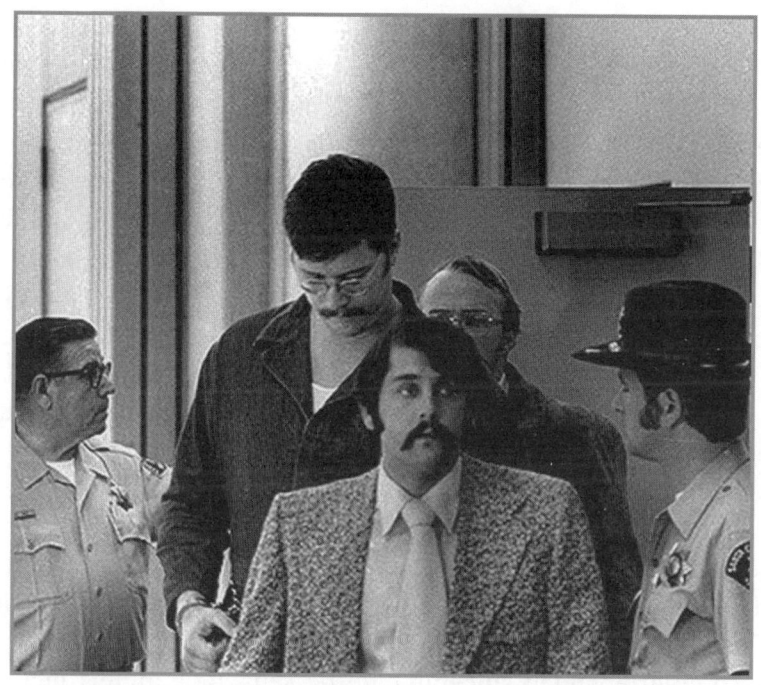

Edmund Emil Kemper III, com seus mais de dois metros de altura, algemado após sua prisão.

de que está apto à vida normal. Erro crasso por parte dos especialistas, que, em seguida, o colocam em liberdade, felizes pelos progressos obtidos por seu paciente. Já na rua trabalha em uma engarrafadora e, com o dinheiro ganho, compra um carro e uma placa de polícia. Desde sempre mostrou grande interesse por ser agente da lei e até teve alguns conhecidos policiais com quem bebia em certas ocasiões; porém, se tivesse se apresentado à academia, não teria passado no teste psicológico. Também não tentou. De fato, ele não estava apto para a vida social, o que lhe causava enorme frustração.

Aparentando ser um policial à paisana graças à falsa placa, começa a pegar caroneiras nas estradas próximas. Logo as esfaqueia, leva-as para casa e lá as decapita e esquarteja. Esconde os membros em diversos móveis e quartos ou em lugares próximos, como um barranco ou o jardim. Inclusive enterra uma das cabeças embaixo da janela do quarto de sua mãe. Às vezes, guardava os corpos medianamente inteiros para ter, durante dias, relações sexuais com eles.

Durante a Semana Santa de 1973, os acontecimentos se precipitam. Kemper vai à da sua mãe para matá-la a marteladas enquanto ela dorme e lhe arranca a garganta. Liga para uma amiga de sua mãe para que vá até lá e também a mata. Nessa noite, deita-se ao lado de ambos os corpos e utiliza a cabeça de sua mãe para jogar dardos, enquanto pensa em se entregar. No dia seguinte, confessa seus crimes ligando para a polícia a partir de um telefone público, e é imediatamente preso. "Eu me sentia completamente frustrado em meus sonhos e desejos" foi uma de suas primeiras frases na cadeia.

Eu não gostaria que tivessem a impressão de que os psicopatas são todos iguais. Como qualquer pessoa normal, cada psicopata é diferente do outro. Uns são mais simpáticos que outros, outros são intratáveis; uns são inteligentes, outros nem tanto. Os filmes se esforçam para apresentá-los como de uma inteligência muito superior à média, porém é um recurso cinematográfico, nada mais. As únicas características realmente comuns e persistentes em todos eles são a ausência de remorsos e a falta de empatia. Nenhum psicopata criminoso se arrependeu sinceramente de seus atos, alguns inclusive lamentaram não ter tido mais tempo para continuar matando. E os que demonstraram esse arrependimento... mentiram.

Em relação à falta de empatia, os psicopatas são incapazes de colocar-se no lugar do outro. A dor das vítimas não significa nada para eles, porque não têm nenhum sentimento que não sejam os próprios. Essa é para mim a parte mais atroz dos assassinos em série, pensar que as súplicas de uma vítima não servem de nada enquanto estão sendo assassinadas ou estupradas. Por esse motivo, alguns especialistas chegaram a dizer que os psicopatas se encontram na pirâmide superior da escala evolutiva. Eu não estou de acordo com essa visão, e tampouco quero estar. Acredito sinceramente que a empatia é um dos fatores que ajudam o ser humano a progredir como pessoa e uma das razões pela qual continuamos existindo como espécie.

Para terminar com as características mais destacadas inerentes à psicopatia, mencionarei a impulsividade, a falta de responsabilidade, o controle deficiente de conduta que domina suas vidas e, especialmente, seu egocentrismo exacerbado. Condutas que o maior especialista em psicopatia do mundo, o dr. Robert Hare, da

Universidade de Vancouver, resume em "um déficit na integração do mundo emocional com o raciocínio e a conduta".

CARACTERÍSTICAS DA PSICOPATIA	
ÁREA EMOCIONAL	ESTILO DE VIDA
– Loquacidade e encanto superficial	– Impulsividade
– Egocentrismo e senso exacerbado da autoestima	– Controle deficiente de conduta
– Falta de remorsos	– Necessidade de excitação contínua
– Ausência de empatia	– Falta de responsabilidade
– Mentiroso e manipulador	– Problemas precoces de conduta
– Emoções superficiais	– Conduta adulta antissocial

O motor do assassino

Bem, uma vez que já sabemos como os psicopatas são e como seu comportamento pode ser catalogado, concentremo-nos na motivação de seus crimes, no motor que os leva a matar, o que os faz desenvolver todo o seu poder depredador.

Criminólogos especialistas como James Fox e Jack Levin apontam cinco motivações que estimulam o psicopata criminoso a agir. Já o professor Garrido as amplia para seis e a escola tradicional as reduz unicamente a duas: busca de poder e busca de sexo. Eu sou dessa última opinião, mas também acredito que para compreender melhor seus atos é mais recomendável mencionar essas seis categorias, que não são excludentes entre si, podendo aparecer várias delas ao mesmo tempo em um único indivíduo.

MOTIVAÇÃO	CONCRETIZAÇÃO
Sexo/sadismo	Alguém mata suas vítimas para obter prazer.
Poder/controle	O assassino mata simplesmente para se sentir superior.
Vingança	O criminoso quer devolver a humilhação sofrida de um coletivo, assassinando seus integrantes.
Lealdade	Um casal de assassinos jura lealdade eterna e mata para provar essa lealdade.
Lucro	Quem mata o faz por dinheiro.
Terror	O psicopata mata para gerar medo em uma população de tamanho determinado.

Junto a essa, os especialistas americanos em assassinos seriais, Ronald M. Holmes e James De Burguer, estabeleceram outra classificação baseando-se em 110 casos. Claramente o resultado vem das ideias provenientes do FBI, mas rejeita o fator social como motor dos crimes. Eles não acreditam que a pobreza, fazer parte de uma família instável ou a subcultura da violência na qual vivemos sejam a causa para explicar o aparecimento de assassinos seriais, e chegam à conclusão de que tudo pode ser explicado por meio de fatores psicológicos. A resposta está na psique do assassino, é sua conclusão.

De acordo com seus estudos, os assassinos em série podem ser classificados, segundo sua motivação, nas seguintes categorias:

ORIENTADOS PELO ATO	
O tipo visionário	O assassino mata como resposta a vozes ou visões que lhe exigem destruir uma pessoa ou uma categoria de pessoas. Correspondem claramente aos psicóticos.
O tipo missionário	O assassino decide sair para cumprir a missão de liberar o mundo de uma categoria de pessoas, em sua crença de que sejam más para a sociedade.
O tipo hedonista orientado à comodidade	Mata para sentir um estremecimento especial e para conseguir ganhos materiais.
O tipo hedonista orientado pela luxúria	O sexo lhe excita enquanto assassina ou praticando-o com o cadáver.

O tipo hedonista orientado pela emoção	Mata para alcançar o orgasmo.
O tipo orientado para o prazer/controle	Sua satisfação principal é dominar a vida e a morte da vítima.

Como vemos em quase todos os casos apresentados, e continuaremos vendo à medida que avançarmos, o motor mais persistente é o sexual e o sádico. Sexual porque esses assassinos procuram desfrutar e sentir prazer com seus delitos, e sádico porque as agressões quase sempre levam implícito o sofrimento da vítima, para além do catalogado como normal nesse tipo de situação. Isso, que pode nos parecer uma frivolidade dito desse modo, é mais bem compreendido por meio de um exemplo. Se atirarmos em uma pessoa na cabeça para matá-la, não há conotação sádica porque o fazemos para acabar com sua vida de uma maneira imediata. Se, pelo contrário, atiramos nas pernas para ver seu sofrimento, está clara a presença do componente sádico. O sadismo pode chegar por meio da dor física ou psicológica à vítima, e sempre traz um componente de gozo sexual por parte de quem a inflige, motivo pelo qual é redundante falar de alguém como sendo um sádico sexual.

O aprendizado normal nos ensina que somente podemos ter relação sexual com outra pessoa quando ela consente, e que a violência só é justificada em circunstâncias muito concretas, como a legítima defesa. Nos psicopatas criminosos esse modelo não funciona, porque nunca foram capazes de perceber essa diferença, precisamente por causa do egocentrismo e da carência de empatia que regem suas vidas. Além disso, em suas fantasias a violência sempre está presente como potenciador do orgasmo, sendo, às vezes, o único modo de chegar a ele. Para exemplificá-lo, contarei brevemente um caso espanhol muito célebre, o de Juan José Pérez Rangel, conhecido como o *Assassino do parking*.

Tudo começa, como sempre, em uma data, 11 de janeiro de 2003. Nesse dia, a família de Ángeles Ribot sente sua ausência na hora da refeição. Ángeles mora no bairro seleto de Putxet, tem quatro filhos e trabalha em uma imobiliária. Nesse dia foi trabalhar de manhã, mas não voltou para casa ao meio-dia e também não se sabe nada dela à tarde no escritório. Cada vez mais preocupados, seus filhos constatam que seu carro continua estacionado no estacionamento anexo à sua casa e decidem ir à polícia local para prestar uma queixa. Quando voltam da delegacia, decidem ir à garagem.

Embaixo da escada no quinto andar, o último, encontram o cadáver de sua mãe. Durante o exame policial da cena, nota-se que Ángeles não está com a bolsa nem com os cartões de crédito, mas tem consigo um valioso anel que permanece em seu dedo. Algo não se encaixa. A agressão foi brutal. Tudo leva a crer que a mulher foi arrastada pelas escadas e que tentou se defender de seu agressor. Os cortes presentes em suas mãos e dedos, levantados em uma tentativa de repelir as facadas, corroboram essa teoria. As mais significativas se localizam no abdome e do lado. Uma grande poça de sangue rodeia o cadáver, porém as incisões não foram a causa da morte, e sim uma dúzia de golpes em sua cabeça com um objeto de base quadrada e redonda que os policiais identificaram como algo similar a um martelo de entabuar. Há perda de massa encefálica.

Na cena não se encontra nenhuma impressão digital significativa do agressor, mas a polícia está com sorte. No mesmo dia do crime, um homem telefona para Antonio, o marido da vítima, pedindo dinheiro em troca de informação sobre o ocorrido. O encontro fica marcado para o dia seguinte em um local estipulado por telefone.

Durante o dia, Antonio é levado de um local a outro mediante indicações telefônicas. O comunicante quer ter certeza de que ninguém o está seguindo e finalmente marca em um bar. Quando Antonio entra, ninguém se aproxima para falar com ele e, momentos depois, ele vai embora. Nesse momento a polícia, que seguiu seus passos, entra no local e anota o número de identidade de todos os presentes. Entre eles se encontra Juan José Pérez Rangel, que não é somente o assassino de Ángeles, mas também é o autor da misteriosa ligação. Claro que naquele momento ninguém, exceto ele, sabe disso.

Um dos detalhes que mais espanta nessa história é a pouca inteligência de Juan José Pérez Rangel. Por causa de seu descuido e confiança, em um único dia os agentes já dispõem de seu número de identidade e de uma gravação realizada em um caixa eletrônico da Caixa de Calatunya, onde um homem de cerca de 25 anos é visto tirando dinheiro com o cartão da vítima. No entanto, a pouca nitidez da gravação permite que Rangel cometa seu segundo crime.

O professor Vicente Garrido Genovés, um dos maiores especialistas em assassinos seriais na Espanha.

Desde 11 de janeiro o assassino continuou vigiando a entrada do *parking*. Os vizinhos notaram sua presença, porém ninguém chamou a polícia. Em um caderno, Rangel anota as placas e horários dos carros que entram e saem. Quer ter o controle absoluto da situação.

Em 22 de janeiro, aparece outro cadáver no mesmo estacionamento e no mesmo espaço da escada em que Ángeles foi encontrada. A vítima se chama Maite de Diego. Seu corpo está meio sentado, de costas, com as mãos algemadas para trás e amarradas com uma corda de nó duplo, assim como um dos pés, que foi preso à grade com os cadarços de seu tênis. A cabeça está coberta por um saco de lixo preto com um nó no pescoço. Dentro de sua boca há papéis de jornal. Tudo indica que, enquanto a mulher era asfixiada, o assassino a agredia, com força, na cabeça com um objeto contundente, já que gotas de sangue foram encontradas a 90 centímetros de distância.

Com essa nova descoberta tem-se a certeza de que o assassino não mata por lucro, mas por sadismo. As algemas, o papel de jornal na boca, o saco de lixo... tudo está planejado para acrescentar dor à vítima. Não haverá uma terceira morte. Um dos policiais consegue uma imagem mais nítida do caixa automático e o homem que aparece lhe lembra o jovem que havia identificado naquele bar na manhã de 12 de janeiro. É Juan José Pérez Rangel.

Após sua prisão, sua história fica conhecida e é uma triste história. A de um garoto que mora no bairro marginal de La Mina, perto da cadeia Modelo, e que anseia pertencer a uma classe alta que nunca o aceitará. Rangel não tem estudo, nem casa própria, nem um trabalho qualificado. Por isso mata em Putxet, como uma espécie de vingança contra aqueles que o desprezam pelo que é. Vingança que vem junto com seu sadismo.

Alguns leitores devem ter notado uma espécie de contradição: a de que, apesar de ser catalogado como assassino serial, Rangel somente matou duas pessoas e não três, como exige a definição com a qual se iniciou este capítulo. Ele foi incluído nessa categoria porque os numerosos indícios do caso apontavam que Rangel já estava se preparando para um terceiro assassinato, e provavelmente para um quarto.

Juan José Pérez Rangel exemplifica também o anteriormente comentado: que, no fundo, o que esses criminosos querem é ser quem não são, ou modificar o ambiente para adaptá-lo às suas fantasias pessoais. Por isso, o professor Garrido afirma muito corretamente que "o objetivo principal de todo assassino múltiplo é ter o poder suficiente para impor sua fantasia sobre uma realidade que ele detesta profundamente e que acha dificilmente tolerável".

De todas as motivações mencionadas no quadro, talvez a mais surpreendente seja aquela em que um casal de assassinos se jura lealdade eterna e mata para provar essa lealdade. Certamente essa é menos frequente, porque exige a coordenação de duas pessoas com instintos assassinos, mas não é tão incomum quanto pode parecer *a priori*.

"Atirar nas pessoas dava, acho, uma excitação. Tirava algo de você." Essas palavras tão chocantes foram pronunciadas por Charles Starkweather após sua prisão em 1958. Ninguém que o conhecesse naquele ano diria que Starkweather era um garoto feliz. Como tantos outros jovens de sua geração, a infância de Starkweather havia passado dominada pelos

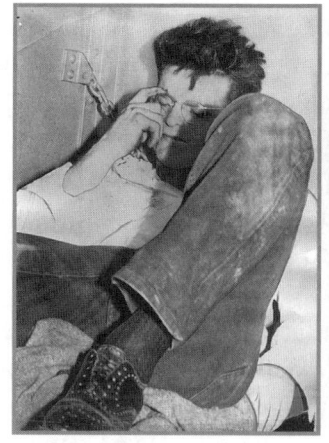

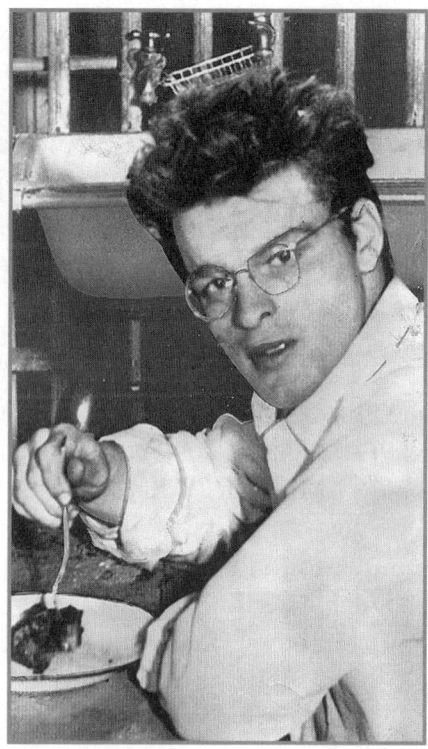

Charles Starkweather, inspiração para histórias como a relatada no filme Assassinos por Natureza.

efeitos da Grande Depressão americana, mas nem todos deixaram que o ressentimento dominasse seus corações. Starkweather sim. Alguns atribuíam às penúrias sofridas seu caráter bruto e hostil, mas a verdade é que havia algo além, algo mais profundo em seu caráter antissocial.

Aos 19 anos, Starkweather trabalhava como lixeiro e também aos 19 anos cometeu seu primeiro assassinato. A vítima foi Robert Colvert, funcionário de um posto de gasolina em que Starkweather havia entrado para roubar. Depois que Colvert lhe entregou 108 dólares do caixa, Starkweather o colocou no porta-malas de seu carro ameaçando-o com uma escopeta. Ele sabia que Colvert o havia reconhecido, apesar de ter coberto o rosto com um lenço. Já em um lugar distante da cidade de Lincoln, Nebraska, Starkweather não teve dúvidas em atirar em sua nuca, deixando-o morto entre as ervas daninhas.

Não havia testemunhas e a polícia jamais incomodou Starkweather por esse crime, fato pelo qual as seis semanas seguintes passaram para ele com total normalidade. Durante esse tempo se divertiu praticando lançamento de facas com sua namorada de 14 anos Caril Fugate. Apesar de ambos se amarem e passarem muitas horas juntos, a família dela nunca aprovou esse relacionamento. A mãe de Caril acusava Starkweather de ter engravidado sua filha e o proibia de voltar a vê-la.

Um dia, quando os ânimos se exaltaram, Starkweather agrediu a mãe de Caril e, quando seu marido foi defendê-la com um martelo na mão, o jovem tirou a escopeta de sua camionete e atirou nele, na cabeça. Em seguida, deu pelo menos duas coronhadas na mulher e a deixou morta no chão. O massacre não havia terminado. Avisado por Caril de que seu padrasto ainda estava vivo, Starkweather o seguiu até seu quarto, onde enterrou uma faca de cozinha em seu pescoço repetidamente. Em seguida, usou-a para matar a filha mais nova da família, Betty Jean Barlett, de 2,5 anos. Cometidos os crimes, sentou-se no sofá e assistiu televisão. "Não lembro o que passava. Precisava de um pouco de barulho. Havia muito silêncio", contaria mais tarde à polícia.

Depois de algumas horas de descanso, os namorados esconderam os três corpos e limparam a casa, na qual ficaram por seis dias. Para Starkweather aquela foi a melhor semana de sua vida, sem ninguém que lhe desse ordens. Era o rei do lar. Nunca perdeu a calma. Nem quando recebeu a visita de dois agentes da polícia que foram alertados pelas ligações de familiares que não conseguiam entrar em contato com o casal. Suas boas maneiras e a excepcional recepção dispensada fizeram com que os policiais sequer inspecionassem os quartos.

Mas Starkweather sabia que a mentira não iria durar muito tempo e decidiu ir com Caril Fugate para a granja de um amigo de sua família, um velho de 70 anos de idade, August Meyer. Caril havia decidido acompanhá-lo voluntariamente e ser fiel no futuro que os aguardava, fosse qual fosse. Já havia demonstrado esse sinal de fidelidade ajudando-o a matar seu padrasto e não se opondo ao assassinato de sua meia-irmã.

No caminho de entrada, o furgão ficou preso no barro. Já na prisão, Starkweather afirmou que essa foi a razão pela qual matou o velho. "Caril estava muito cansada porque havíamos ficado presos. Disse que tínhamos de liquidá-lo por não ter limpado o caminho. Eu disse que tudo bem." Meyer morreu com um tiro de escopeta e seu cadáver foi arrastado até a área de serviço, onde Starkweather o deixou coberto com uma manta.

Naquela época, a polícia já havia descoberto os cadáveres da família de Caril e seguia o rastro do casal de assassinos. Estes desconheciam as últimas notícias, mas intuíam que deviam agir depressa; portanto, depois de descansarem e comerem alguma coisa, caíram na estrada novamente, agora armados com um rifle e uma escopeta recortada. O furgão não podia andar naquele lamaçal e decidiram pegar uma carona. Dois estudantes do instituto local, Robert Jensen e Carol King, os recolheram e no mesmo instante Starkweather ameaçou Jensen com sua arma. Seu cadáver apareceria na entrada do porão da escola com seis tiros na orelha esquerda, junto ao de Carol King. Ela com as calças e o zíper abaixados até os joelhos e com danos internos na vagina, no colo do útero e no reto, produzidos por um instrumento muito cortante. Starkweather sempre afirmou que a jovem foi morta por Caril por ciúmes quando ele a quis estuprar. Não havia rastro de esperma nem indícios de agressão sexual, motivo pelo qual se acredita que o estupro nunca chegou a acontecer.

Sempre de acordo com a versão de Starkweather, foi então quando ele quis se entregar, mas Caril lhe tirou essa ideia da cabeça. "Eu lhe disse que iria me entregar e ela me dizia que não. Eu dizia que sim, e ela dizia que não." Já sabemos que os psicopatas são grandes mentirosos, motivo pelo qual essa declaração nunca foi levada a sério.

O desejo de ver os estragos causados os levou a voltar à casa de Caril, onde não puderam parar ao ver que a polícia havia cercado o lugar. Dirigiram-se ao bairro mais exclusivo de Lincoln e entraram na mansão do industrial de 47 anos C. Lauer Ward. No interior se depararam com sua esposa, morta horas depois, junto com a criada, assassinada junto com o sr. Lauer quando este voltou do trabalho. Os corpos foram encontrados no dia seguinte. O de Lauer Ward junto à

*Caril Fugate, namorada de Charles Starkweather
e cúmplice em seus assassinatos.*

porta da entrada, com feridas de bala na têmpora e nas costas, mais uma ferida de punhal no pescoço. O de sua esposa, Clara Ward, no chão de um dos quartos com feridas de faca no pescoço, peito e costas. E o da criada, Lillian Fencl, amarrado à cama em outro quarto, com o peito, o estômago, as mãos e os braços e as pernas marcados por punhaladas. Até que enfim o garoto do lixo estava se vingando dos ricos que amarguraram sua infância.

Roubando a limusine do industrial, os dois assassinos foram em direção a Washington. No acostamento de uma estrada viram um carro parado. Assassinaram o motorista e roubaram o carro, deixando o cadáver dentro. Esse seria seu grande erro. Parados por um homem que pensou que eles precisavam de ajuda, Starkweather começou a brigar com ele, o que alertou um carro patrulha que casualmente estava passando por ali. Após uma trepidante perseguição, Starkweather se entregou em meio a uma chuva de tiros.

Quando os jornalistas foram à penitenciária para fotografá-los, Caril se apresentou com a cabeça protegida por um cachecol e levemente sorridente. Starkweather fingia não prestar atenção, mas fumava um cigarro com uma pose ensaiada, ao estilo James Dean.

Durante o interrogatório a que foi submetido, afirmou que todas as mortes haviam sido em legítima defesa e que realmente não queria ter ocasionado nenhum mal. Como tantos outros assassinos seriais, Starkweather mostrava um enorme desconcerto acerca da motivação que rodeava seus crimes e, também como tantos outros, falou de forças internas que se apoderavam de seu corpo e o impediam de agir corretamente. É a estratégia do monstro dentro de mim, motivo pelo qual esses criminosos tentam convencer seu interlocutor de que seu corpo possui uma parte doente com a que eles não comungam, porém em alguns momentos supera a parte sã, motivando os crimes. É o velho argumento utilizado pelo genial Robert Louis Stevenson em *O Médico e o Monstro*.

Nada disso existe nessas pessoas, só há o profundo desejo de tornar realidade suas fantasias de perversão e morte.

2

O Mundo dos Assassinos Múltiplos

Fantasias, frustrações e crimes

Se no capítulo anterior nos concentrávamos em como os assassinos múltiplos pensam e sentem, neste tentaremos nos aprofundar em seus atos, estudando o denominado processo homicida.

Ao longo do capítulo anterior mencionou-se em diversas ocasiões a fantasia como parte imprescindível para compreender o mundo dos assassinos seriais, mas o que devemos entender por fantasia? A fantasia, em sua vertente sã, é uma criação mental que ajuda uma pessoa a esforçar-se para alcançá-la respeitando as normas estabelecidas. A fantasia pode ser de índole cultural, sexual, do trabalho, social... Fantasiamos em ser famosos, em conquistar estrelas do cinema, em morar em casas melhores, em estar em situações sexuais especialmente excitantes... Podemos identificar o fantasiar com o sonhar, não importa, dá no mesmo. O problema está com os assassinos seriais. Em suas mentes a fantasia é, como em nós, um motor, mas suas fantasias são insanas, porque frequentemente envolvem cenas de dor, sadismo e morte. Cenas em que só importa o prazer do agressor.

Em um primeiro estágio, centrado na infância ou no início da adolescência, essas fantasias só permanecem na mente e são exteriorizadas por meio de atitudes, que, de acordo com quem as vê, são esquisitas ou excêntricas. Um exemplo é o já relatado de Edmund

Emil Kemper III, que gostava de arrancar as cabeças das bonecas de suas irmãs e pendurar animais. Exatamente o que, mais tarde, fez com pessoas.

Como uma criança que brinca com uma bola para, mais tarde, crescer e se tornar um jogador de futebol, da mesma forma essas pessoas se preparam para matar; porém elas sempre se tornam profissionais. Para não causar alardes desnecessários, realizarei um esclarecimento muito importante. O leitor deve perceber que estamos falando de pessoas muito concretas, com desvios muito profundos e persistentes; portanto, nem todas as crianças que arrancam as cabeças das bonecas de suas irmãs se transformarão, com o tempo, em um Edmund Emil Kemper III. Existe um ponto no qual a atitude humana é compreensível e se encaixa nos parâmetros normais e outro onde já devemos começar a nos preocupar. A diferença, como digo, está na persistência e intensidade dessa atitude anômala, na fixação para realizá-la e no acompanhamento de outras atitudes antissociais, como o sadismo com animais ou o gosto por provocar incêndios continuados. No quarto capítulo nos aprofundaremos sobre como detectar uma possível atitude psicopata a tempo.

Continuemos com o relato. As entrevistas com esses psicopatas nos indicam que, após o nascimento da fantasia, vai se gerando no indivíduo um sentimento estranho, de dissociação com o mundo circundante. Sua fantasia pessoal vai ocupando cada vez mais seu tempo, tornando-se mais forte com o passar dos anos, até chegar a um ponto, localizado no início da vida adulta, quando o eu interior vence as reticências morais. Chega o momento conhecido como *o período de ensaio dos assassinos,* caracterizado quando o futuro assassino começa a agir timidamente e já com pessoas reais em uma tentativa de tornar suas fantasias realidade na medida de sua coragem. Esse ensaio pode envolver algum estupro, espiar alguém que se encaixe em seu perfil de vítima, alguma tentativa frustrada de sequestro... Não devemos esquecer que os psicopatas distinguem perfeitamente o bem do mal, pelo que o medo de ser presos pode, nesse estágio, muito mais que sua fantasia de violência.

É durante essa fase de ensaio que o *modus operandi* do agressor começa a ganhar forma. Ted Bundy, aquele homem que engessava o braço para enganar jovens inocentes e sequestrá-las, começou a esvaziar os pneus dos carros de suas colegas de universidade e a roubar-lhes parte do motor durante seu período de ensaio. Nunca passou disso porque as garotas sempre eram ajudadas por algum amigo, ensinando-o que, se quisesse sequestrá-las, deveria mudar de atitude, como realmente faria mais tarde.

Quando então começam a matar? A estatística nos diz que quase sempre há um fator desencadeante para a fúria homicida, uma faísca que provoca o salto do período de ensaio à tentativa real de matar. Em um homem chamado Richard Marquette, foi não poder consumar o ato sexual com a mulher que havia conhecido em um bar; em Ted Bundy, saber que quem ele achava que era sua irmã era realmente sua mãe e o fato de que a mulher que amava rejeitasse sua proposta de casamento. O mesmo aconteceu com Christopher Wilder, decidido a matar desde que uma bela jovem, pertencente a uma família endinheirada da Flórida e professora de crianças deficientes psíquicas, o rejeitou.

Christopher Wilder chegou em 1970 aos Estados Unidos vindo de sua Austrália natal, onde abriu um negócio imobiliário que teve bastante sucesso e que lhe permitiu ter uma boa vida. Participava de corridas de carro, esquiava em estações seletas, possuía vários imóveis... Também era amante dos animais e realizava doações periódicas a associações em defesa das baleias e focas. Poder-se-ia dizer que sua vida social era prazerosa e agradável, até invejável.

Porém, nada dessa suposta tranquilidade era verdadeira. Após ser rejeitado pela mulher mencionada anteriormente, traçou um plano no qual simulava ser um fotógrafo profissional em busca de modelos. Com esse ardil conseguiu enganar várias jovens, que eram levadas para sua casa para ser eletrocutadas até a morte. As torturas lhe davam um prazer tão grandioso que, em alguns casos, ele sequer as estuprava, tendo satisfeito seus instintos mediante sadismo. Desse modo, acabou com a vida de 11 mulheres.

Os episódios que geram esse desencadeante são dos mais variados: perda de emprego, rupturas sentimentais, problemas econômicos, uma morte... Como observamos, não são situações alheias à maioria dos mortais e, em alguns casos, sequer o suficientemente traumáticas, mas os futuros assassinos seriais as sentem como acontecimentos insuperáveis. Suas personalidades defeituosas não são capazes de afrontá-los e acodem às fantasias homicidas como único meio para fugir da realidade. Quando um desses fatos aparece em suas vidas, tudo o que haviam construído é destruído, e então afloram sentimentos de vingança, de ressentimento... Seu egoísmo e crueldade afloram e já nada lhes devolverá a felicidade e a estabilidade das quais acreditavam desfrutar.

Impulsividade e oportunidade

Bem, já temos o assassino prestes a matar pela primeira vez. Sua fantasia foi crescendo em intensidade durante anos em sua mente e até agora só foi exteriorizada minimamente durante o período de ensaio. Porém, a situação mudou, a ruptura de uma relação sentimental, um negócio arruinado... lhe mostraram que não deve esperar nada das pessoas em quem acreditava poder confiar, e que é o momento de liberar todo o seu egoísmo. É hora de matar.

Os assassinos múltiplos sempre agem com base em dois critérios: impulsividade e oportunidade. A impulsividade se refere ao surgimento das ânsias de matar e a oportunidade, às circunstâncias que lhe permitem fazê-lo.

Com respeito à impulsividade, esse termo reflete o que é o impulso que essas pessoas sentem de matar, de tornar realidade suas fantasias em determinados momentos. Isso não significa que não possam parar quando sentem esse "chamado", já que ao entendê-lo deveríamos concluir que existe uma patologia ou transtorno no controle dos impulsos, como acontece com os ludopatas, que não conseguem resistir em jogar quando a ocasião se apresenta. Aqui não funciona assim. Alguns assassinos seriais sentem essa impulsividade quando se encontram com uma vítima que responde aos seus gostos e outros quando passa algum tempo desde o último crime. Não existe um fator comum, cada um deles funciona com uma lógica diferente.

Em 10 de maio de 2000, foram descobertos corpos femininos mutilados na Universidade de Sana, na capital homônima do Iêmen. Dois dias depois, o sudanês Muhammad Adam era detido. Quando foi interrogado, o suspeito, que trabalhava como funcionário do depósito de cadáveres, deixou os policiais boquiabertos ao confessar 16 assassinatos no Iêmen e ao menos 24 entre o Sudão, o Kuwait, o Chade e a República Centro-Africana.

O *modus operandi* do *Assassino do necrotério*, como foi batizado pelos jornais, consistia em atrair jovens estudantes ao depósito de cadáveres com a promessa de ajudá-las nos estudos. Sem que pudessem reagir, as pobres garotas eram atacadas brutalmente, estupradas e assassinadas. A confiança que esse homem tinha lhe permitia gravar a cena e esquartejar os corpos para jogar os membros no esgoto e enterrar o resto em diversos pontos da universidade.

As autoridades estavam escandalizadas. Assim como aconteceu com Andrei Chikatilo na antiga URSS, ainda hoje alguns países como o Irã negam o fenômeno dos assassinos seriais em suas fronteiras e os consideram exclusivos das nações capitalistas. Em parte foi o que aconteceu com Muhammad Adam, porém, nesse caso, as provas foram tão evidentes e sua atuação havia afetado tantos países que foi impossível ocultar o episódio.

Como curiosidade, destaco que, quando foi lhe perguntado o motivo que o levava a matar, respondeu: "Sentia um impulso que não sabia de onde vinha. Quando vejo garotas, principalmente garotas bonitas, algo acontece em minha mente. Nunca consigo resistir a esse impulso".

Os assassinos seriais sempre adaptam o impulso ao critério de oportunidade. Quero matar agora e posso fazê-lo sem ser descoberto? Então faço. Quero matar, mas se o fizer agora serei descoberto? Então espero. A situação poderia se resumir dessa maneira. Os assassinos seriais são capazes de aguentar horas ou dias, esperando esse instante propício.

A oportunidade está relacionada com muitos aspectos. Um assassino tem a oportunidade de matar quando a vítima escolhida está sozinha, mas também quando as leis de um país permitem sua ação. Esse último fator, junto a outros fatores, foi o que permitiu ao ucraniano Andrei Chikatilo se transformar em um dos assassinos mais bem-sucedidos da história.

Andrei Chikatilo, o Açougueiro de Rostov. *Seus assassinatos foram silenciados durante décadas pelo regime comunista.*

Hoje todos o conhecemos pelo apelido de *o Açougueiro de Rostov*, mas, durante o tempo em que esteve livre, era Andrei Romanovich Chikatilo, um humilde professor de escola adscrito, como seus milhares de compatriotas, no Partido Comunista. Diz a lenda que pouco depois de ter nascido, em 16 de outubro de 1936, o país sofreu uma terrível fome, motivo pelo qual alguns camponeses famintos sequestraram seu irmão para devorá-lo. Por causa disso ou por mera genética, Andrei sempre se caracterizou por ter uma aparência triste e taciturna. Até os 12 anos continuava urinando na cama e seus colegas de escola zombavam cruelmente dele. Seu controle sexual também não era normal, bastava abraçar uma garota para ejacular imediatamente.

Em 1963, casou-se com Fayina e teve dois filhos, apesar de seus problemas em manter uma ereção. Em dezembro de 1978, comete seu primeiro assassinato. Em uma cabana de sua propriedade, nos arredores da localidade de Novoshakhtinsk, mata uma menina de 9 anos de idade, Lena Zakotnova. O corpo é encontrado boiando no rio Grushevka com dezenas de cortes e incisões. Como relataria Chikatilo mais tarde, só parou de apunhalá-la quando chegou ao orgasmo.

Após esse cadáver aparecem outros, sempre são de meninas e nos arredores de estações de trem rurais. São os anos de 1980. O desenvolvimento ainda não chegou à Ucrânia e o campo vive uma situação quase medieval. Não há polícia para vigiar todos os lugares, e as crianças perambulam sozinhas porque seus pais estão ocupados trabalhando. Chikatilo se aproveita dessa situação – critério de oportunidade – e de outra muito peculiar. A URSS rivaliza com os Estados Unidos pela supremacia mundial dentro da Guerra Fria e tudo o que chega do Ocidente é qualificado como decadente. A realidade dos assassinos seriais não escapa a essa visão e o Partido Comunista nega sua existência em seu território por considerá-los fruto do capitalismo – critério de oportunidade –, fato pelo qual os assassinatos de meninas que levam anos trazendo o pânico entre os camponeses dessa remota região da Ucrânia não são relacionados entre si.

Amparado pela permissividade policial – critério de oportunidade –, Chikatilo continua matando. As meninas aparecem com os úteros extirpados e seus corpos cheios de hematomas e cortes. Seu proceder sempre é o mesmo. Primeiro se aproxima de uma jovem que esteja sozinha na estação e, com mentiras, a leva para uma área escura onde a estupra, assassina e esquarteja. Em algumas ocasiões, chegara a comer partes de seus corpos e a beber seu sangue.

Um dos investigadores do caso, Igor Rybakov, consegue fazer com que um psiquiatra elabore um perfil psicológico do criminoso. Este diz que a pessoa procurada deve ser um homem normal, provavelmente casado, com um trabalho fixo e, pelo esperma encontrado, com sangue do tipo AB. A descrição leva à prisão de Andrei Chikatilo, porém este consegue convencer os agentes de sua inocência e é posto em liberdade. Além disso, seu grupo sanguíneo não bate com o do perfil. O seu é A.

Os anos passam, os crimes continuam e, por sorte, a situação política experimenta um giro radical. A queda do Muro de Berlim precipita a queda do regime comunista e um ar de liberdade oxigena o ambiente. Igor Rybakov aproveita a conjuntura e entra em contato com o FBI, que lhe envia uma informação valiosíssima sobre os assassinos seriais. Graças a um dispositivo de busca, Andrei Chikatilo é detido em 20 de novembro de 1990 nos arredores de uma estação de trem. Tem sangue nas mãos e no casaco. Faz somente alguns minutos que cometeu o que será seu último assassinato. Novas provas médicas descobrem que ele padece de uma anormalidade natural: seu sangue é do grupo A, mas seu sêmen é do AB. Coincide com o esperma encontrado nos cadáveres.

Em 1992, é condenado à morte por tiro na nuca pela morte de 53 meninas e mulheres, cifra que possivelmente seria bastante maior, já que alguns cadáveres nunca foram localizados.

Impulsividade e oportunidade, dizíamos antes de repassar a história de Chikatilo, magnificamente representada no filme *Cidadão X* (Chris Gerolmo, 1995). Dois aspectos presentes em todos os seus crimes.

A zona de conforto

O criminoso está a ponto de cometer seu primeiro assassinato. A fantasia ganhou o jogo contra seu controle deficiente de conduta, mas ainda não é um assassino profissional. Por isso, e de um modo compreensível, o futuro assassino serial começa agindo no ambiente que lhe transmite segurança, na chamada *zona de conforto*. Isso é o que nos dizem as estatísticas, pelo menos, que o primeiro assassinato sempre é cometido nessa zona de conforto, esse lugar perfeitamente conhecido por eles no qual a fuga é quase certa, onde se sentem protegidos. Pode ser seu bairro, o local de trabalho, o quarteirão em que mora um parente. Como disse o professor Garrido em seu livro *A Mente Criminosa*: "é lógico que eles não matam na própria porta, mas também não costumam se aventurar muito longe dela no primeiro assassinato". Andrei Chikatilo matou pela primeira vez em uma cabana de sua propriedade e Ted Bundy no bairro universitário de Seattle, em Washington, esse que tão bem conhecia por ser o local onde cursou várias disciplinas ao mesmo tempo.

Esse costuma ser um dos poucos elementos reais sobre os assassinos seriais que os filmes de Hollywood refletem fielmente, com certeza por sua forte carga dramática. Sobre o resto, é melhor não dizer nada. Já sabemos, o cinema é o cinema.

O primeiro assassinato também é importante porque é aqui que começamos a descobrir o *modus operandi* que o assassino adotará em crimes futuros. Por *modus operandi* se compreende o conjunto de ações realizadas por um assassino, de uma forma mais ou menos repetitiva, desenvolvidas para alcançar seu objetivo de matar e fugir do lugar depois. Ações que podem se aplicar a qualquer um que delinquir repetidamente, como um ladrão, piromaníaco ou estuprador serial. Um aspecto diferente é a *assinatura*, composta por uma série de ações que têm por objetivo expressar a identidade do autor. É uma espécie de marca deixada para dizer: "fui eu".

A assinatura é muito mais pessoal que o *modus operandi*. Chega quando se comete o delito, sem influenciar em sua realização. O criminoso não precisa dela para matar. Expressa o pensamento do criminoso, sua fantasia, é uma tradução de seu mundo emocional, uma forma de exteriorizar seus sentimentos mais profundos e secretos. Alguns deixam cartas junto das vítimas, como Alfredo Galán, o *Assassino do baralho*, que começou a depositar naipes a partir do momento em que a polícia descobriu casualmente ao lado da primeira vítima uma carta do baralho espanhol. Outros colocam

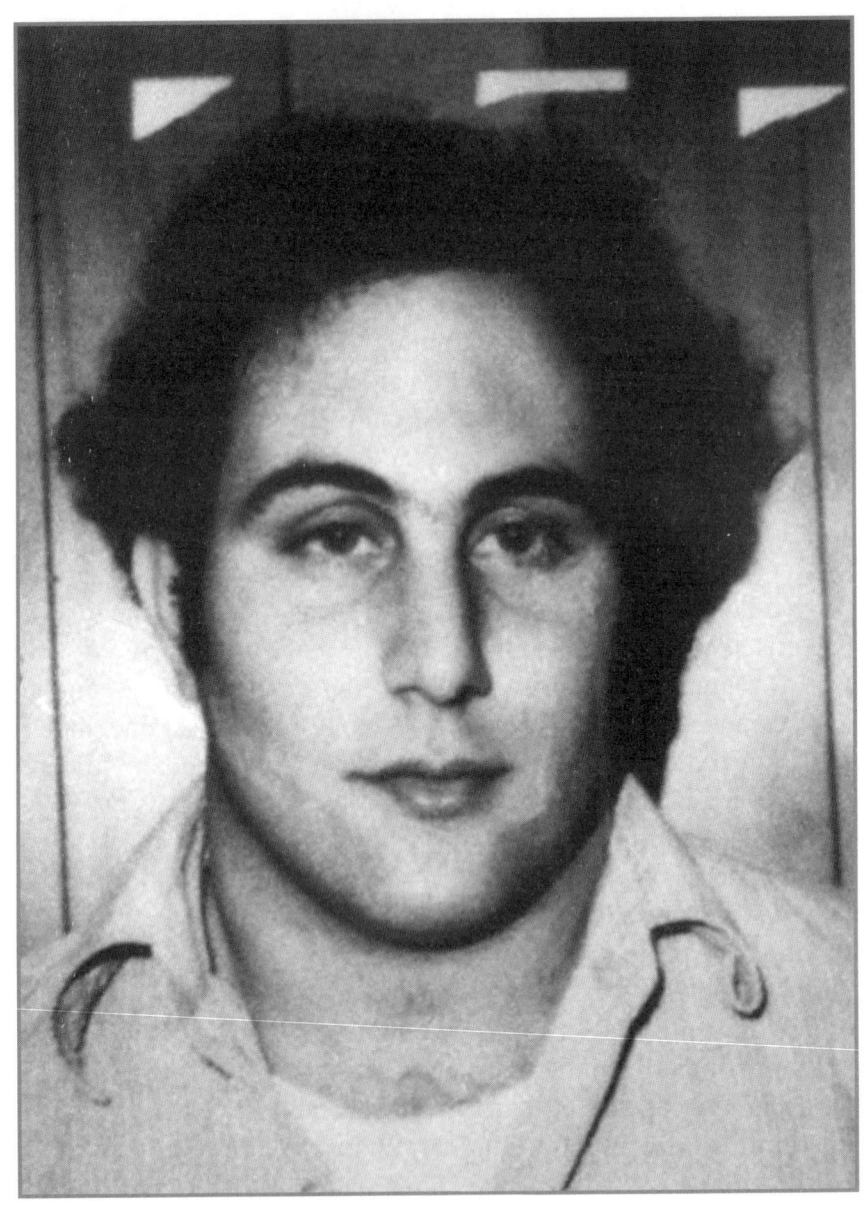

David Berkowitz, o Filho de Sam: *graças a ele descobriu-se que os assassinos seriais não têm por que manter um* modus operandi *fixo.*

os corpos em posturas grotescas, como no caso de Richard Trenton Chase. Tudo parece valer. O importante é destacar que não são atitudes escolhidas por acaso. Na mente do criminoso elas têm um motivo, mesmo que para nós seja incompreensível.

Quase qualquer caso comentado terá ambos os fatores, mesmo que a assinatura seja sempre mais difícil de destrinchar que o *modus operandi*, por ser a primeira, como já foi dito, muito mais pessoal.

Durante anos, pensou-se que o *modus operandi* era inalterável, que quando um criminoso adotava uma forma de atuação esta já não mudava. O cinema tem perpetuado essa crença, mesmo sendo radicalmente falsa. As pessoas que investigam esses fatos têm constatado que em muitas situações o *modus operandi* varia de uma vítima para outra. Às vezes em características mínimas, outras completamente.

Quando alguém mata sucessivamente, descobre em cada delito novos detalhes que podem se mostrar importantes para ocultar melhor o cadáver, expor-se menos para não ser descoberto ou para aumentar a dor da vítima e, portanto, seu próprio prazer. O crime é aprimorado. Um caso paradigmático é o de David Berkowitz, o *Filho de Sam*. Ele tentou matar sua primeira vítima com uma faca. Quando percebeu que os jornais não haviam publicado nada sobre o caso, deduziu que a mulher havia sobrevivido. Então alterou seu *modus operandi*. Foi até o Texas, comprou uma pistola 44 e iniciou uma frutífera escalada de assassinatos.

O grande problema está no fato de que, nessa análise que o criminoso faz de seu primeiro assassinato, descobre que a gratificação obtida não corresponde à esperada. Dito de outro modo, a fantasia superou a realidade. Esse é o motivo pelo qual o assassino ou estuprador serial procura outra vítima para alcançar essa gratificação tão ansiada, e logo outra e outra, porque a realidade jamais se equiparará ao imaginado. Sempre existe um detalhe que não corresponde com o desejado, uma vítima que morre muito rapidamente, alguém que tenta escapar, um movimento inesperado... Após cada morte o criminoso pensa sobre o acontecido, mas não por remorso, e sim para indagar sobre o que poderia ter feito para que tudo houvesse sido mais satisfatório. Quer melhorar. É o que Robert Ressler chama de *experiências a ser satisfeitas*.

O assassino inicia então uma corrida sem freio em direção ao abismo porque, sabendo que já ultrapassou todos os limites, nada o impede de prosseguir com sua escalada criminosa. Aqui está a autêntica essência dos assassinos seriais, e por isso o grande número de vítimas que alguns deles têm.

Organizados e desorganizados

Chegamos agora a um ponto crucial na análise do comportamento dos assassinos seriais: a distinção entre assassinos organizados e desorganizados. Ambos os termos foram criados pelos agentes do FBI John Douglas e Roy Hazelwood no início dos anos 1980, após analisar um grupo de 36 assassinos sexuais, para facilitar a investigação nesse tipo de casos.

Trabalhando sobre as cenas de crimes, deram-se conta de que um tipo de assassino tentava dificultar o trabalho da polícia ocultando o cadáver e suas digitais, enquanto outra categoria de indivíduos não tinha cuidados em deixar o corpo à vista e fugir sem se preocupar com nada que fosse deixado para trás. Os primeiros foram chamados de organizados e os segundos, desorganizados, porque isso era o que eles refletiam ser com sua atitude. Mais tarde seria incluída uma terceira categoria, a mista, para definir os assassinos que misturam ambos os procedimentos.

Os assassinos organizados costumam cair na categoria dos psicopatas e os desorganizados, na dos psicóticos.

O trabalho dos agentes do FBI conseguiu extrair uma série de características inerentes a cada uma das tipologias que se apresentam no quadro a seguir. Não estão incluídas todas porque a lista é muito longa, mas sim as mais significativas.

ASSASSINOS ORGANIZADOS (Psicopatas)	ASSASSINOS DESORGANIZADOS (Psicóticos)
– Socialmente competentes	– Socialmente imaturos
– Imagem masculina	– Descuidado no aspecto físico
– Sabe ser simpático	– Fugidio, rejeita contato físico
– Forte autocontrole e autoestima	– Personalidade frágil, precisa de ajuda
– Possui um trabalho estável	– Não trabalha, ou com um emprego pouco qualificado
– Controle durante o crime	– Descuidado
– Sexualmente competente	– Sexualmente incompetente
– Inteligência média-alta	– Baixa inteligência
– Dispõe de mobilidade geográfica	– Mora e trabalha perto do local do crime
– Segue os meios de comunicação	– Não segue os meios de comunicação
– É um preso modelo	– Comportamento conflituoso
– Pode estar casado e ter filhos	– Mora sozinho ou na companhia dos pais
– Tenta ocultar o cadáver	– Não se preocupa com a cena do crime
– Limpa a cena do crime	– Mata pessoas conhecidas
– A vítima é alguém desconhecido	

  Como pode se observar, na teoria as personalidades de um e outro são excludentes. Se o organizado segue as notícias nos meios de comunicação, o desorganizado não; se um dirige, o outro não... Novamente devemos relativizar essa visão e tomá-la, como apontamos em outras ocasiões, em termos estatísticos, porque nem todos os assassinos organizados são encantadores, nem todos os assassinos desorganizados carecem de carteira de habilitação. Sempre existem exceções. Por isso alguns preferem falar de assassinos predominantemente organizados e de assassinos predominantemente desorganizados.

  Quando Gerard John Schaefer foi preso, no início dos anos 1970, a polícia soube que havia conseguido prender um criminoso perigoso. Há anos eram registrados estranhos desaparecimentos em uma área muito concreta da Flórida. Muitas jovens que pareciam ser simplesmente engolidas pela terra e cujos corpos nunca apareciam.

Os agentes encarregados da investigação trabalhavam na criação de um grupo especial formado unicamente para esse caso, quando duas garotas foram à delegacia relatando uma história que, por fim, seria a do criminoso. De acordo com o relato, um homem de aspecto normal havia dado uma carona às garotas em um carro que parecia ser da polícia e, com a desculpa de levá-las ao seu destino, terminou amarrando-as a uma árvore e ameaçando-as com uma arma. Quando elas acharam que iriam morrer, o homem disse: "Ui, ui, tenho de ir embora, voltarei", e desapareceu. Elas aproveitaram o momento para fugir e ir à delegacia.

Já no lugar descrito pelas jovens, os policiais localizaram diversos cadáveres espalhados pelos arredores e parcialmente decompostos, além de roupas femininas espalhadas por aí. A descrição que as duas sobreviventes deram do carro e do aspecto físico do agressor levaram a Gerard John Shaefer, policial de uma jurisdição vizinha, que tinha antecedentes por abuso de poder. Como dizia em seu arquivo, havia sido admoestado por parar carros dirigidos por mulheres e pegar seus dados pessoais para logo ligar para elas e chamá-las para um encontro.

Observe o leitor os detalhes que temos até agora. Temos alguém com trabalho estável e qualificado, não descuidado em suas obrigações – provavelmente deixa as mulheres amarradas porque começa seu plantão no trabalho –, metódico – sempre utiliza a mesma cena para seus crimes –, de bom aspecto – as mulheres o descrevem dessa maneira –, e que parece ter se redimido de seu passado. Um autêntico assassino organizado.

Quando a polícia revista sua casa, encontra provas que o incriminam pela morte de duas garotas desaparecidas. Nos armários e gavetas ele guardava joias, roupas femininas, objetos pertencentes às suas vítimas, que serviram de prova-chave para condená-lo à prisão perpétua. Os agentes também encontraram muito material pornográfico. Schaefer parecia ter uma predileção por mulheres enforcadas, estranguladas e afogadas. Inclusive escreveu relatos e desenhou cenas com essa temática. Em uma foto em que apareciam três mulheres nuas ele escreveu: "Estas mulheres me satisfarão. Caso contrário, serão levadas à praça do povo e entreterão os moradores dançando penduradas em minha corda".

Schaefer era um assassino extremamente organizado, tanto que um só descuido o traiu. Durante o julgamento continuou fazendo uso de seu autocontrole, afirmando aos jornalistas que tudo era um grande engano e que logo seria solto. Apesar das provas e dos testemunhos claramente incriminatórios, o acusado nunca perdeu a compostura nem o sorriso. Morreu assassinado por outro preso na cadeia em 3 de dezembro de 1995.

Para encaixar um criminoso em uma das três categorias – assassino organizado, desorganizado e misto –, a polícia analisa profundamente as chamadas *quatro fases do crime*. A primeira é a etapa que precede o crime, em que entram os antecedentes do agressor, suas fantasias, os passos que deu até chegar ao momento do assassinato. A segunda compreende o crime em si: seleção da vítima, emprego da tortura ou não, estupro, *modus operandi*, assinatura... Na terceira é estudado o modo como o assassino tenta ou não ocultar o cadáver. E, na quarta, o que mais interessa é analisar o comportamento posterior ao ato. De acordo com sua atitude em cada uma dessas fases, o criminoso se encaixará em uma categoria específica.

Pessoalmente acredito que essa divisão em quatro fases é suficiente, porém o zelo profissional de alguns investigadores tem motivado sua expansão. É o caso do dr. Joel Norris, criminólogo e especialista em assassinos seriais, que fala de sete fases nesse processo homicida:

- *Fase áurea*: o sujeito está sendo dominado por suas fantasias. Ainda não realizou atos importantes para materializá-las, mas em sua mente já brotaram as imagens de morte. Externamente continua aparentando normalidade.
- *Fase de pesca*: começa a frequentar os locais em que suas possíveis vítimas se encontram.
- *Fase de sedução*: decidido a materializar sua fantasia, entra em contato com a vítima demonstrando seus encantos pessoais.

- *Fase de captura*: a vítima já foi capturada e o agressor se deleita com seu sofrimento. É o momento tão ansiado, anterior ao assassinato.
- *Fase do assassinato*: o agressor mata a vítima.
- *Fase fetichista*: o assassino comprova que a morte da vítima não corresponde ao esperado e leva um objeto ou parte do corpo para rememorar o crime na intimidade e prolongar o prazer obtido.
- *Fase depressiva*: cometido o crime, seu autor abandona a cena do assassinato e pensa sobre o ocorrido, porque não obteve a gratificação sonhada. Interessa-se ou não pelo que os meios de comunicação digam e começa a planejar o próximo objetivo.

Como se vê, o dr. Joel Norris não contribui com nada significativamente novo, se bem que oferece uma ideia mais próxima do processo homicida e se centra em aspectos não mencionados até agora que eu não gostaria de ignorar.

O primeiro e mais chamativo é a necessidade que alguns têm de levar objetos ou partes do corpo de suas vítimas, como no caso recentemente mencionado de Gerard John Schaefer. Trata-se de uma atitude relacionada aos assassinos organizados e amplamente estudada pelo FBI.

Foi Robert Ressler quem começou a falar desses objetos como *troféus*, já que isso parece ser o significado para o agressor que os leva para casa ou os guarda no carro ou em qualquer outro lugar onde ele considere que estarão a salvo. O que ele pretende é relembrar o crime cometido. Por meio da visão ou do tato do "troféu", o assassino lembra como foi o assassinato, como a vítima sofreu, se resistiu... Essa lembrança lhe dá um prazer tão intenso que em certas ocasiões é capaz de chegar ao orgasmo. Às vezes se sente melhor nessas ocasiões do que durante o próprio assassinato.

Os troféus podem ser qualquer coisa: uma joia, uma peça de roupa, óculos, uma parte do corpo da vítima... Mas sempre objetos muito pessoais e que têm um significado especial para o assassino, como aconteceu com Volker Eckert, um caminhoneiro alemão preso pela morte de várias prostitutas na Espanha e na França. Quando o interior da cabine do caminhão foi inspecionado, descobriram-se fotografias das vítimas e chumaços de cabelo guardados em uma caixa, com os quais, de acordo com suas próprias palavras, revivia o momento dos crimes.

Às vezes não são levadas partes do corpo, mas sim o corpo inteiro. Ted Bundy guardou o cadáver de uma de suas vítimas durante vários dias em seu apartamento. Ele o colocava do armário para cama e vice-versa, maquiava-o, lavava seu cabelo, vestia-o. No final, quando a putrefação já estava muito avançada, decidiu enrolá-lo e levá-lo em seu carro acomodado em um dos bancos durante várias horas da madrugada.

Essa busca de lembrança do crime e prolongamento do prazer explica também o porquê de alguns criminosos voltarem à cena do crime após esta já ter sido cercada pela polícia. Antes que Robert Ressler começasse seu PIPC, os psiquiatras e profissionais de saúde mental acreditavam que essa atitude correspondia ao sentimento de culpabilidade. Afirmação distante da realidade. Já dissemos que, se existe algo que caracterize os psicopatas, é justamente a ausência de remorso e de empatia em relação às vítimas. David Berkowitz, o *Filho de Sam*, voltava aos locais onde havia matado quando não encontrava uma vítima propícia. Essas visitas eram comuns quando ele fracassava. Também ia frequentemente aos cemitérios onde suas vítimas estavam enterradas e podia passar horas procurando suas tumbas.

Robert Ressler equipara esse comportamento com ao dos adolescentes que rondam a casa de algumas garotas durante horas de bicicleta ou em seus carros, porém aponta que no caso dos assassinos seriais esse comportamento normal dos adolescentes neles "tornou-se anômalo".

Uma vez cometido o crime, chega o momento de abandonar a cena. É um instante delicado, porque, dependendo de como ela fique, a polícia conseguirá obter uma pista sobre ele. Estatisticamente os assassinos organizados tendem a ocultar o corpo e a limpar a cena de qualquer possível vestígio. É o que se conhece como *consciência forense*. O grau de exigência que tenham nessa limpeza vai depender muito dos conhecimentos em técnicas policiais, do tempo disponível, de seu grau de temeridade...

Nos anos 1970, dois meninos apareceram mortos em um intervalo de várias semanas nos arredores de uma base militar americana. Seus corpos estavam amarrados e o segundo deles apresentava mutilações em várias extremidades. Um dos detetives encarregados do caso suspeitava também que o assassino havia mordido os corpos em um momento de arrebato sexual, pelas estranhas feridas que os cadáveres apresentavam e porque era uma prática comum em delitos dessa natureza, mas não conseguiram extrair nenhuma marca, já que o criminoso cortava a carne no lugar onde presumivelmente se encontravam as marcas de sua arcada dentária. Quando o autor foi preso – um soldado da base militar –, soube-se com certeza que, de fato, ele arrancava com uma faca a carne dos pobres meninos depois de mordê-los, sabendo que o FBI poderia descobri-lo se o histórico dental do pessoal da base fosse analisado.

Quando passo por histórias como essa, sempre me pergunto se nós, jornalistas, fazemos bem em desvendar as técnicas de investigação criminal para vender mais livros ou obter mais audiência na televisão, porque é inquestionável que subtraímos a vantagem que os policiais têm em relação aos criminosos, ao desvendar-lhes esses segredos. A mesma pergunta era formulada no final do século XIX pelo detetive da Polícia Metropolitana Frederick Abberline, encarregado da investigação dos crimes de *Jack, o Estripador*.

No plano oposto aos que limpam suas marcas para não ser presos, encontramos os que manipulam a cena do crime procurando a comoção dos investigadores. O FBI fala de *disposed scenery*, traduzido como *cena armada*. O nome não pode ser mais apropriado porque isso é precisamente uma cena mentirosa criada pelo assassino seguindo um estranho e obscuro senso de humor. "Tinha as pernas abertas quase um metro e meio de calcanhar a calcanhar – escreveu o agente de polícia que encontrou o cadáver de Ida Irga, uma mulher de 75 anos de idade e vítima de Albert DeSalvo, *o Estrangulador de Boston** – e os pés apoiados sobre cadeiras, e tinha um travesseiro, sem a fronha, colocado embaixo, estando à vista essa paródia grotesca da postura obstétrica." Esse mesmo assassino colocaria o cadáver de outra vítima de joelhos,

---

*N.E.: Sugerimos a leitura de *O Estrangulador*, de William Landay, Madras Editora.

Albert DeSalvo, o Estrangulador de Boston. *Foi um sádico que gostava de assassinar mulheres de todas as idades em suas próprias casas. À direita, aparece falando ao telefone da prisão.*

com a cabeça contra o chão da banheira, o roupão e o cinto por cima da cintura e a calcinha na altura dos tornozelos.

Em outro caso ainda mais espetacular, o do *Assassino do Rio Verde*, uma das vítimas apareceria com um peixe colocado em cima do pescoço e outro em seu seio esquerdo, além de uma garrafa entre as pernas, meio introduzida na vagina.

Quem observa essas cenas recebe uma forte impressão psicológica. Os protocolos policiais aconselham deixar os sentimentos de lado nos casos criminais para que as cenas dos crimes afetem o mínimo possível a investigação e o investigador. Porém, estamos falando de seres humanos, e os sentimentos não são tão fáceis de guardar. Os assassinos seriais sabem muito bem disso e, por esse motivo, prepararam cenas como as recém-descritas.

Levando em conta o que foi lido até agora, talvez esse comentário não seja importante, mas sempre que falamos de assassinos seriais nos deparamos com detalhes, pensamentos e atitudes que nos parecerão sem sentido. E pode ser que seja isso mesmo, mas, em suas mentes, eles têm. Um exemplo: em 23 de novembro de 1963, Albert DeSalvo tinha 11 assassinatos contra ele e nesse dia estava disposto a cometer mais um. No entanto, o recente assassinato do presidente americano Kennedy o fez se perguntar se seria correto matar alguém. Finalmente decidiu que sim, e Joan Graff, de 23 anos de idade e desenhista industrial, se tornou sua 12ª vítima.

A quem de nós parece lógico que alguém que já matou sem compaixão 11 mulheres de repente decida se abster de fazê-lo em 23 de novembro de 1963 por respeito ao presidente Kennedy? Com certeza a ninguém, mas a DeSalvo sim. Por isso, e por mais que nos seja difícil, se o que desejamos é capturar esses assassinos, não podemos ver o mundo com nossos olhos, mas sim tentar enxergá-lo com os seus.

O canibal de Milwaukee

Os casos de assassinatos seriais estudados até este ano revelaram que se trata de um fenômeno quase exclusivamente urbano. As cidades pequenas parecem imunes, apesar de que isso se deva a um fator social mais que ambiental, já que no passado, quando as cidades não tinham o tamanho que têm hoje, havia a presença de numerosos assassinos seriais em cidadezinhas e aldeias.

Para explicar a mudança, temos de entender que essas pessoas são filhas de seu tempo. As mudanças políticas, econômicas, sociais... também as afetam. Como curiosidade, as estatísticas refletem que durante a Segunda Guerra Mundial o número de vítimas por assassinos seriais nos Estados Unidos foi o mais baixo de todo o século XX. A explicação é fácil. Como milhares de compatriotas naqueles anos, esses assassinos seriais foram chamados para ir à Europa ou ao Pacífico sem conhecer sua condição criminosa, livrando as cidades e cidadezinhas americanas de sua presença. Isso ou o zelo policial caiu no país, mais preocupado com outras questões.

Seja como for, o problema se mudou para as cidades, onde um maior número de possíveis vítimas mora e o assassino pode salvaguardar muito melhor seu anonimato. Isso não quer dizer que quem more em pequenas localidades esteja a salvo, já que os assassinos seriais, sobretudo os organizados, gostam de se mudar.

Para estudar como acontecia essa mobilidade, o ex-policial canadense Kim Rossmo, atual diretor de investigação da Fundação da Polícia em Washington D.C., propôs uma classificação muito original.

ASSASSINOS EM SÉRIE DE ACORDO COM SUA MOBILIDADE	
Caçadores	Têm uma base fixa desde o planejamento dos assassinatos e se mudam para cometê-los procurando uma vítima propícia.
Montado	Montam armadilhas para atrair suas presas até conseguirem alcançar o objetivo.
Vagueadores	Vagam por uma área mais ou menos ampla seguindo uma vítima até aproveitarem a melhor oportunidade para atacá-las.
Pescadores	Atacam uma vítima aproveitando uma circunstância não procurada, por estarem nesse instante realizando outras atividades.

A classificação chegou nos anos 1980 e acrescentou uma nova linha de investigação com importantes resultados. Porém, como não podia ser de outra maneira, nem todas as teses de Rossmo têm se mostrado corretas. As maiores críticas chegaram a afirmar que os assassinos seriais tendem a não cometer seus crimes perto de seus domicílios, para evitar deixar para trás provas comprometedoras. Ele chama esse espaço de *zona neutra*. No momento, as estatísticas afirmam que essa *zona neutra* só está presente nos criminosos mais cuidadosos, uma porcentagem tão ínfima que não é levada em conta na maioria das investigações. E, ainda que considerada, qual o tamanho da importância que se deve dar? É sempre o mesmo? Em quais elementos devemos nos basear para medi-la? São algumas das perguntas que aguardam resposta.

E cada caso parece nos ensinar algo novo e relativizar algumas ideias antes imutáveis. Uma delas indicava que os assassinos seriais escolhiam suas vítimas sempre entre pessoas de sua mesma raça, como aconteceu com Ted Bundy, que só matava mulheres brancas, ou Wayne Williams, um DJ negro de Atlanta que assassinou meninos negros. Mas, volto a dizer, essas pessoas são filhas de seu tempo e mesmo que a tônica continue sendo a empregada até agora, a tendência gira em torno das vítimas multirraciais. Talvez seja um processo lento, porém crescente, graças à mobilidade das pessoas e ao aumento da imigração, também dependente da nação na qual nos encontramos e do grau de integração racial em sua sociedade.

O problema principal que existe em dar uma credibilidade cega às estatísticas está em que, se o fizermos, a investigação poderá se desviar em direção a caminhos errôneos, aumentando o cerco ao criminoso em vez de diminuí-lo. Essa foi uma lição bem aprendida pelos investigadores que participaram da perseguição dos franco-atiradores em Washington.

Tudo começou na quarta-feira, 2 de outubro de 2002, quando às 18h04 James D. Martin, de 55 anos de idade, caía morto no estacionamento de uma mercearia abatido por uma bala. As testemunhas relataram à polícia não terem visto ninguém armado nas proximidades, apenas o homem caído já sem vida. Como somente havia passado um ano desde os atentados do 11 de Setembro e não se tinha nenhuma descrição do agressor, uma das primeiras hipóteses falava de uma possível ação terrorista. As dúvidas se dissipariam rapidamente. Às 7h41 do dia seguinte. Esse foi o momento em que James L. Buchanan morria vítima de um tiro, recebido enquanto cortava a grama de uma concessionária dentro do estado de Maryland.

Os investigadores relacionam ambas as mortes e encontram pontos em comum. As duas vítimas morreram com um tiro, ambas estavam realizando tarefas cotidianas e, o mais importante, em nenhum dos casos houve a presença de um agressor visível. Foi assim que a polícia começou a suspeitar da presença de um franco-atirador itinerante. Mas quem era e de onde atirava?

Sem tempo de procurar mais dados, as mortes continuaram durante esse 3 de outubro. Às 8h12, o franco-atirador matava com outro tiro o taxista de 54 anos Prem Kuma Walekar, aproveitando o fato de ele estar enchendo o tanque de seu carro; às 8h37, era Sarah Ramos quem recebia um tiro e, uma hora mais tarde, morria Lori Ann Lewis-River. Uma bala a atingiu no instante em que passava o aspirador em seu carro estacionado em um posto de gasolina.

Os meios de comunicação começaram a noticiar os casos a partir do início dos fatos, falando de um assassino em série itinerante. O caso despertava numerosas questões, porque as vítimas pertenciam a classes sociais diferentes, ambos os sexos eram mortos por igual, e

Os franco-atiradores de Washington, John Allan Muhammad e John Lee Malvo. Sua ação colocou em xeque as classificações do FBI sobre os assassinos seriais.

entre os mortos havia brancos e negros. As estatísticas e os dados conhecidos pelo FBI sobre assassinos em série não estavam ajudando muito. As rígidas classificações elaboradas durante anos de investigação apontavam para a perseguição de um homem branco, quando na verdade os assassinos eram dois e de raça negra, como mais tarde se constataria. Inclusive, esse caso não pertencia ao mundo dos assassinos seriais, mas sim ao dos *spree killers*, criminosos que matam esporadicamente e em um curtíssimo período de tempo. Se houvesse alguma dúvida, antes que acabasse o dia, às 21h15, Pascal Charlot caía abatido mortalmente em uma rua de Washington.

Da investigação se ocupou o chefe da polícia do condado de Montgomery, Charles Moose, que naquelas primeiras horas deve ter se sentido espantado pela velocidade com que aconteciam as agressões e os poucos dados que iam se recolhendo. Em pouco tempo, as emissoras estatais chamavam os especialistas e criadores de perfis do FBI para esclarecerem as mortes aos espectadores. O resultado foi um circo midiático muito criticado por especialistas como Robert Ressler. "O acontecido no caso do franco-atirador não teve nada a ver com os perfis: os meios de comunicação montaram um grande circo", declararia, ao final dos acontecimentos, ao jornal *Daily Iowa*.

Na sexta-feira, 4 de outubro, aconteceu outro ataque, porém dessa vez com o resultado de um ferido grave, e o mesmo aconteceu no dia 7. Dean Harold Meyers não teve tanta sorte, ferido por outro tiro na quarta-feira 9 de outubro, após encher o tanque em um posto de Manassas, Virginia.

Do dia 9 de outubro até o dia 22 do mesmo mês, dia em que morreu o motorista de ônibus Conrad Johnson, ainda haveria mais quatro ataques. Foi então que os agentes de homicídios encarregados do caso receberam a descrição de um furgão branco, o qual era situado na cena de alguns dos crimes por várias testemunhas. Aí estava a solução para o enigma da localização. Era óbvio que o assassino viajava em algum tipo de veículo, mas até aquele momento não se sabia que tipo era e, algo muito significativo, se o franco-atirador o utilizava exclusivamente para ir e fugir das cenas ou também para atirar a partir dele.

Todas as dúvidas se dissiparam em 24 de outubro. A ligação de uma mulher chamada Whitney Donahue alertou a polícia sobre a presença de um furgão, semelhante ao descrito nos panfletos, parado em um parque de Maryland. Após várias horas desde a ligação, o veículo foi finalmente cercado por agentes uniformizados que prenderam seus ocupantes, dois homens de raça negra conhecidos como John Allan Muhammad e John Lee Malvo, este último de 17 anos de idade.

Apesar da rapidez da prisão, o alto número de vítimas desencadeou as críticas da imprensa nacional, que se perguntava se a polícia não podia ter feito algo a mais para deter aquela sangria nos primeiros dias. Todos perceberam o quão perdida estava a polícia e que a prisão havia sido possível pela delação de uma testemunha e não pelo resultado de uma investigação. A grande falha foi apegar-se às classificações feitas pelo FBI e não manejar outras variáveis.

É lógico, esse tipo de críticas é muito fácil de fazer em retrospecto, mas nem tanto quando o tempo é escasso, o número de vítimas cresce sem parar, a pressão social e política aumentam e não existem pistas nem suspeitos sobre os quais trabalhar. Por isso as forças de segurança merecem todo o meu respeito, sempre que ajam diligentemente, o que costuma acontecer na maioria das vezes.

Gostaria de finalizar este capítulo falando precisamente de como terminam as investigações sobre os assassinos seriais. Aqui meu sentimento é agridoce. Doce porque, exceto em poucos casos, sempre há uma prisão; e acre porque, quando repassamos alguns casos, nos deparamos com o fato de a polícia ter tido numerosas oportunidades de deter o agressor e não o ter feito. Lembremos que Andrei Chikatilo foi interrogado na delegacia anos antes de sua prisão definitiva, que Ted Bundy chegou a ser detido e inocentado dos assassinatos que anos mais tarde o levariam à pena de morte... Em ambos os casos, a liberdade lhes permitiu continuar matando.

A história mais chamativa nesse sentido talvez seja a de Jeffrey Dahmer, o *Canibal de Milwaukee*. Seu relato foi reproduzido em muitos livros por causa dos componentes altamente cruéis que existem. Porque Dahmer representa como poucos a brutalidade, a ausência de sentimentos e a frieza que caracterizam os assassinos seriais.

Não existe nada demais na infância de Jeffrey Dahmer, exceto a mudança brusca que sua personalidade sofreu quando aos 6 anos foi operado de uma hérnia. De acordo com seus pais, a partir desse momento o sorriso do menino desaparece e seu caráter se torna introvertido. Eles atribuem essa mudança às dores padecidas, mas logo em seguida se observa que existe algo mais profundo. Na escola Dahmer não se relaciona com ninguém, em casa vive em silêncio e logo começa a maltratar o gato da família, trancando-o em seu quarto durante dias sem alimentá-lo e soltando-o mais tarde para ver como briga com o outro animal de estimação da casa, um filhote de cachorro que tem seus olhos arrancados por suas garras. O menino recebe carinho familiar, mas a situação se descontrola repentinamente.

Quando chega aos 14 anos de idade, suas fantasias são de mutilação e sexo com cadáveres. É claro, essa informação será conhecida após o interrogatório na prisão, já que naquela época ninguém sabia o que passava por sua cabeça.

O primeiro assassinato é muito prematuro, no inverno de 1978. Dahmer tem 18 anos e em uma estrada pega um jovem e o leva para a casa de seus pais. Lá mantêm relações sexuais e, quando o desconhecido expressa o desejo de ir embora, Dahmer o estrangula. Em seguida esquarteja o corpo e o enterra em uma floresta próxima.

*Jeffrey Dahmer, assassino prolífico apelidado de
o* Canibal de Milwaukee.

Esse primeiro crime expressa perfeitamente o motivo de sua ânsia homicida. Dahmer não quer ser abandonado. Deseja ter um companheiro sexual que lhe dê prazer sempre que ele assim o desejar, e para consegui-lo é capaz de fazer qualquer coisa.

O ano seguinte é cheio de mudanças. Seus pais se divorciam, ele começa a beber, alista-se no Exército, porém é expulso rapidamente por alcoolismo e então vai morar com sua avó. A polícia o prende por embriaguez e exibicionismo, nada sério, e o solta. Então chega sua segunda vítima. Em um bar de ambiente homossexual, conhece um garoto com quem vai para um quarto de motel. Quando acorda na manhã seguinte, o jovem está morto na cama e Dahmer com a boca cheia de sangue. Devemos tomar essa parte da sua declaração com precaução, assim como muitos outros aspectos de seu relato. Como já dissemos, os assassinos seriais tendem a desviar sua culpabilidade. Alegam desconhecimento sobre os crimes ou que não se lembram de tê-los cometido. Nesse sentido, o fato de Dahmer dizer que acordou com a boca cheia de sangue demonstra que ele não assume a autoria do assassinato, que culpa uma parte de sua personalidade que não pode controlar e que nesses instantes anula seu raciocínio. Como se o criminoso fosse seu outro eu totalmente desconhecido. Mas não é verdade. Aqui não existem duplas personalidades, somente uma.

Em vez de chamar a polícia, leva o corpo para o porão de sua avó para continuar mantendo relações sexuais com ele. Logo o esquarteja e joga os pedaços no lixo.

A lista de vítimas de Dahmer é longa, 17 homens de diversas idades até 1991. O *modus operandi* consiste em levá-los para sua casa – em 1988, mudou-se para Milwaukee para agir sem interferências familiares – com a promessa de fotografá-los. Lá os droga e estrangula. Na maioria das vezes come parte de seus corpos e bebe seu sangue. Guarda os cadáveres durante dias para continuar copulando com eles e fotografa todo o processo. Quando já não podem ser usados, dissolve-os em ácido, joga as partes moles no vaso sanitário e enterra os ossos e os pedaços maiores no jardim.

Mas com o tempo essa atitude cansa. Dahmer deseja um companheiro sentimental vivo e totalmente complacente. Sabe que não vai conseguir e não tem problemas em perfurar o crânio de suas vítimas ainda vivas para verter ácido no cérebro e anular sua vontade. Todas irremediavelmente morrem.

O pesadelo termina em 23 de julho de 1991. Dahmer entra em contato com Tracy Edwards, convida-o para ir ao seu apartamento e, quando tenta esfaqueá-lo, este se defende e consegue fugir. Na rua relata o acontecido para um policial que imediatamente prende Dahmer. Quando seu apartamento é inspecionado, são encontrados 11 cadáveres esquartejados, três cabeças na geladeira, membros e esqueletos pendurados e várias caveiras perfeitamente limpas e polidas decorando os móveis da sala. Na banheira estavam três torsos esperando ser dissolvidos em ácido e numerosas caixas com membros humanos.

O mais trágico é que muitas dessas vítimas poderiam ter sido salvas se a polícia tivesse agido com maior cuidado. Em 1988, por exemplo, um jovem laosiano conseguiu escapar de seu apartamento. Dahmer foi condenado por agressão sexual em segundo grau, porém foi posto em liberdade sob fiança à espera da execução da condenação. Então cometeu outro assassinato. Quando foi condenado, sua pena foi de um ano de prisão em regime semiaberto e a obrigação de assistir a um curso sobre alcoolismo.

A polícia já investigava vários desaparecimentos de jovens na área onde o laosiano havia escapado, mas ninguém pôde relacionar esses episódios entre si. Também seu pai foi ignorado quando pediu e protestou pelo fim da condenação de seu filho antes de sua reabilitação.

Em 8 de julho de 1990, outra vítima conseguiu escapar das garras de Dahmer, mas surpreendentemente a polícia não quis investigar sobre alguém que já tinha muitos antecedentes de violência, exibicionismo e agressão sexual.

Incrível, não é? Como compensação, devemos pensar que o tempo sempre joga contra o assassino serial. Muitos chegam a acreditar que nunca serão pegos, especialmente se a polícia não foi capaz de encontrar as pistas que, por vontade ou imprudência, foram deixadas nas cenas dos crimes. Isso incrementa sua autoestima e a sensação de invulnerabilidade. Uma atitude que será sua perdição, porque pouco a pouco vão se tornando cada vez mais descuidados, até que um erro grave permite sua prisão.

Em outras ocasiões, e contra a crença popular, é o próprio criminoso que deixa de matar. Por quê? O dr. Garrido sustenta duas teses muito interessantes e que não são excludentes entre si. Uma está centrada no chamado *ponto de saturação*, alcançado quando o assassino já não consegue mais matar. Isso pode acontecer porque o criminoso percebe que, se continuar, será preso ou porque está consciente de estar entrando em um turbilhão de sangue capaz de anular seu raciocínio. Observe que em nenhum caso se fala de remorsos ou pena das vítimas. Poucos exemplos existem tão claros para explicar esse ponto quanto o de *Jack, o Estripador*.

Estamos em 1888, no bairro londrino de Whitechapel, a área mais pobre e decadente da cidade. Em seus becos, cheios de prostíbulos, bares e porões escuros, sobrevivem cerca de 1 milhão de pessoas, quase todas pertencentes à classe mais baixa da sociedade: prostitutas, comerciantes, ladrões, marinheiros...

Apesar disso não é raro encontrar homens endinheirados buscando sexo barato nos becos. Os jornais da época estão cheios de denúncias sobre prostitutas que oferecem seus serviços sem nenhum pudor à luz do dia e diante do olhar de crianças e velhos. As autoridades permitem essas atitudes porque as prostitutas daquela época são consideradas pouco menos que doentes e, quando alguma delas aparece morta, nem se inicia uma investigação formal para esclarecer a morte. Os acontecimentos as obrigarão a fazê-lo.

Em 7 de agosto, aparece o cadáver de uma mulher jogado no chão entre os edifícios George Yard. Os policiais que o encontram o levam rapidamente ao necrotério, onde o dr. T. R. Killen procede com o exame. Temos de esclarecer que nos encontramos em uma época em que as ciências forenses estavam só começando a aparecer, fato pelo qual aquelas autópsias eram muito rudimentares do ponto de vista criminalístico. O doutor observa que o corpo foi apunhalado em diversas áreas e que não existem sinais de estupro, mesmo o assassino tendo rasgado os genitais da mulher, a qual pelas iniciais em seu vestido é identificada como Martha Tabran, prostituta bastante conhecida na área. Os jornais escrevem uma pequena nota sobre a notícia e a recém-criada Scotland Yard não se interessa muito pela investigação.

Em 29 de agosto, às 3h45 da madrugada, o funcionário de mercado George Cross se depara com o cadáver de outra mulher no caminho do trabalho. Seu nome é Mary Ann Nichols e, como no caso de Martha Tabran, também é uma prostituta. O pânico se espalha. O forense que examina o corpo observa um profundo corte no pescoço e vários no abdome, os quais deixaram os intestinos à vista.

Tudo indica que o assassino é o mesmo e, agora sim, a Scotland Yard envia homens para o bairro para encontrá-lo. Enquanto isso, a Polícia Metropolitana encarrega da investigação seu homem mais condecorado, o inspetor Abberline. Os esforços não dão fruto e, em 7 de setembro, às 5h55 da manhã, um terceiro corpo quebra a

Corpo de Catherine Eddows, quarta vítima de Jack, o Estripador.

O Mundo dos Assassinos Múltiplos

Vinheta publicada em um jornal londrino relatando os primeiros passos da polícia na investigação dos crimes do Estripador.

aparente tranquilidade do amanhecer. Como devem ter adivinhado, trata-se de outra prostituta. Nos seguintes capítulos falaremos da fixação dos assassinos seriais por um tipo muito concreto de vítimas e o porquê dessa escolha. Agora falaremos de Annie Chapman, que é o nome dessa mulher assassinada.

O corpo aparece jogado no chão, com as pernas dobradas e apoiadas no chão, os joelhos caindo para o lado e a saia levantada na altura das coxas. Lembremos que nessa época as saias chegavam aos tornozelos, portanto essa visão era considerada obscena. Com certeza, o assassino preparou a cena.

Quem estava seguindo os crimes percebe um detalhe importante que se une com o que quero destacar nesse caso: esse turbilhão de sangue no qual alguns assassinos seriais entram e que é capaz de levá-los a perder o raciocínio. O que percebem é uma progressão na crueldade empregada. Martha Tabran apareceu com cortes no corpo, Mary Ann Nichols com os intestinos à vista, mas em seu lugar, e agora Annie Chapman os tem fora do ventre e colocados em cima de seu ombro esquerdo.

Na madrugada de 30 de setembro, mais dois cadáveres fazem soar os apitos da polícia. São os de Elizabeth Stride e Catherine Eddows. O assassino as matou em um intervalo de meia hora, com certeza porque algo o surpreendeu antes de mutilar o corpo de Elizabeth Stride, que só apresenta um profundo corte no pescoço. O de Catherine Eddows, ao contrário, encontra-se completamente estripado. Ficava patente que o criminoso se sente cada vez mais seguro e que a cada novo assassinato seu turbilhão sangrento aumenta.

A essas alturas a polícia não sabe o que fazer. A população indignada pede a cabeça do ministro do Interior e a Scotland Yard sofre um dos maiores desprestígios de sua história. Por sorte para ela, *Jack*, apelidado pelos jornais de *o Estripador* por meio de uma carta assinada com esse apelido e enviada presumivelmente pelo assassino a um jornal, deixa sua última morte em 9 de novembro no interior de um pequeno quarto na Dorset Street. A vítima é Mary Kelly, uma jovem que também trabalha como prostituta e cujo corpo foi selvagemente mutilado. Os intestinos foram colocados em cima do criado-mudo junto com os rins, as pálpebras foram cortadas, assim

O Mundo dos Assassinos Múltiplos

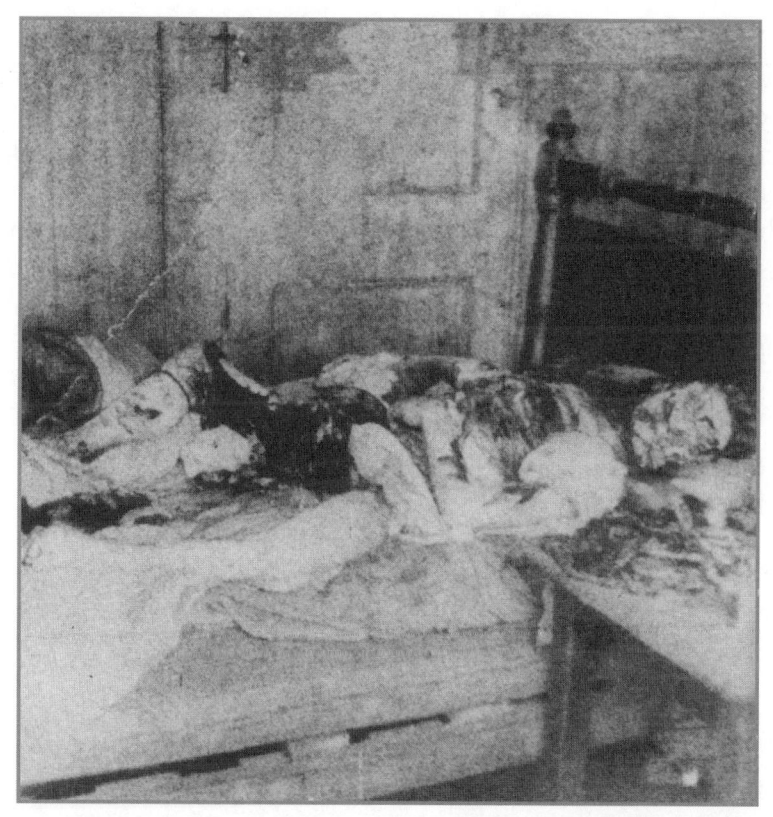

Fotografia na cena do crime da última vítima de Jack, o Estripador, *Mary Kelly. Trata-se de uma joia gráfica, já que a Scotland Yard não costumava realizar fotografias durante suas investigações criminais.*

como uma das coxas, que deixa o fêmur direito à vista. O coração desapareceu e o baço e a vagina estão espalhados pelo chão.

Bem, após esse crime nada mais voltou a acontecer. Se continuarmos com a tese exposta pelo dr. Garrido, deveríamos atribuí-lo ao fato de que *Jack* alcançou um ponto de saturação em seus crimes que o obrigou a parar, razão pela qual jamais se descobriu a verdadeira identidade do *Estripador*. É muito factível. Eu penso da mesma forma, e também outros especialistas como Robert Ressler, apontando a possibilidade de que *Jack* fosse internado em um hospital psiquiátrico por algum motivo alheio aos crimes, motivo que fez com que sua identidade ficasse protegida de toda a investigação policial.

A segunda tese exposta pelo professor Garrido para explicar o porquê de alguns assassinos seriais deixarem de matar tem muito a ver com o medo de ser presos, e centra-se na chamada guarida do criminoso ou no ambiente que lhe oferece essa proteção imprescindível para continuar com suas atividades sem ser descoberto. Quando esse ambiente fica perigoso, por exemplo, com a presença de mais policiais na área ou o início de um seguimento de seus atos cotidianos, é muito provável que o assassino desista de suas atividades, esperando tempos melhores.

3

As Assassinas Seriais

Matar não é questão de sexo, ou é?

Aileen Wuornos, qualificada como a primeira predadora assassina em série e hoje mundialmente famosa graças à atriz Charlize Theron e o filme que conta sua história, *Monster* (Patty Jenkins, 2003), nasceu em fevereiro de 1956 em Rochester, Michigan. Sua família é o que hoje chamaríamos de desestruturada, com Aileen, seu irmão Keith e seus três tios criados pelos avós maternos, os quais ela sempre considerou seus pais. Seu pai verdadeiro era um criminoso muito violento que abandonou a mãe de Aileen antes que ela nascesse. Condenado à prisão perpétua por ter agredido e estuprado uma menina, apareceria anos mais tarde enforcado em sua cela.

A infância de Aileen não pôde ser qualificada como feliz, com um avô que descarregava sua ira sobre ela, agredindo-a e insultando-a continuamente. "Nunca deveria ter nascido. Não valia nem o ar que respirava", responderia aos jornalistas e policiais em interrogatórios posteriores. Não bastasse isso, a avó, alcoólatra, se suicidou quando Aileen tinha 15 anos de idade, desaparecendo de sua vida a única mulher por quem podia sentir um certo carinho.

Na escola, Aileen era uma menina problemática. Não se esforçava nos estudos e participava de numerosas brigas que muitas vezes eram iniciadas por ela por ataques de agressividade. Seus colegas não gostavam dela nem a respeitavam e alguns afirmavam que nem ela a si mesma. Desde muito jovem, começou a dormir com garotos em troca de cigarros e aos 15 anos teve seu primeiro filho, que foi dado em adoção.

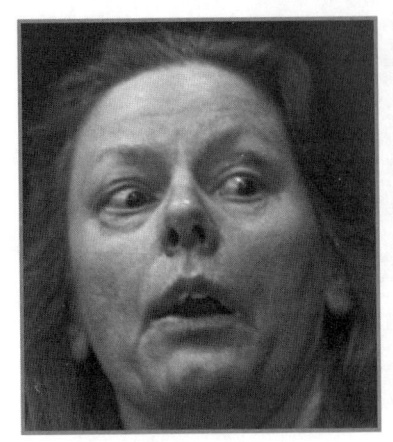

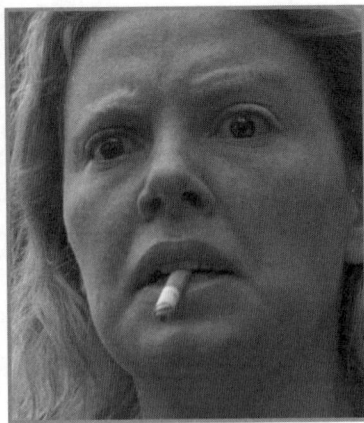

À esquerda, Aileen Wuornos na prisão. Foi qualificada como a primeira predadora serial da história. À direita, a atriz Charlize Theron caracterizada como a assassina no filme Monster.

Vendo no sexo uma saída para seus problemas econômicos e afetivos, dedicou-se à prostituição. No fundo, Aileen era uma pessoa necessitada de amor e estabilidade, como todos nós, e aos 20 anos se casou com um homem 50 anos mais velho que só lhe pedia companhia e afeto. Aileen não soube manter o trato e, durante o mês em que estiveram casados, ela foi infiel e muito cruel. Relembrando as surras que o avô lhe dava, ela batia em seu marido com a bengala que o homem usava para caminhar.

Com 32 anos de idade, Aileen Wuornos passou três na cadeia por várias denúncias de furto, calote, violência e prostituição. Em 1985, surge Tyria Moore, com quem inicia um relacionamento que se estenderá por quatro anos e será marcado pelas brigas entre ambas, o consumo excessivo de álcool e drogas, as noites de excesso e os assassinatos. A primeira vítima é Richard Mallory, dono de uma loja de manutenção de eletrodomésticos em quem atira a sangue-frio. A essa morte se somarão mais cinco, sempre com o mesmo *modus operandi*.

Aileen pede carona nas estradas e só sobe no veículo quando este está sendo dirigido por um homem e que esteja sozinho. Seu aspecto a delata e, diante das perguntas do motorista, ela reconhece ser uma prostituta. Quando o homem aceita fazer sexo por dinheiro e enquanto tira a roupa, ela o rouba, sai do carro e da porta do motorista atira até matá-lo. Em seguida, vai embora com o dinheiro e os objetos de valor e abandona o carro com o cadáver em algum ponto semioculto.

Sua cautela faz com que durante quatro anos a polícia não consiga detê-la, em parte porque nunca fez sexo com nenhum desses homens. Mas, finalmente, é presa. Em seu interrogatório ela afirmou tê-los matado em legítima defesa, para evitar ser estuprada. Porém as cenas não dizem isso, nem seu *modus operandi*. Mais tarde mudara essa declaração, afirmando tê-los matado por rejeitar seu oferecimento sexual em troca de dinheiro. Essa nova confissão também não parece ser verdadeira. Aileen morreu na Flórida, em outubro de 2002, por injeção letal.

Se observarmos de perto, o caso de Aileen Wuornos mantém muitos paralelismos com outros já descritos de assassinos seriais

Aileen Wuornos cumprindo pena.

masculinos: o sangue-frio da assassina, sua capacidade de enganar e mentir, a criação de uma armadilha para atrair as vítimas... Mas também existem poderosas diferenças. A mais importante, a ausência do fator sexual nos crimes.

É por essas diferenças que foi decidido criar um capítulo para falar exclusivamente das assassinas seriais.

Um estudo recente publicado em outubro de 2009 na Espanha, baseado na população reclusa de nosso país, indica que a proporção de mulheres criminosas é de dez para cada cem homens, demonstrando que elas cometem menos crimes, são menos violentas e reincidem menos que seus homólogos masculinos; e demonstrando também quão errado estava o grande criminólogo italiano Cesare Lombroso, quando no final do século XIX afirmava que "educar e promover nas mulheres suas características de domesticidade e maternidade, que as mantêm como inócuas semicriminosas, poderia gerar um fato desastroso para a humanidade".

Por sorte, Lombroso falhou em sua previsão, mas ainda se desconhecem as causas precisas dessa menor incidência criminosa entre o setor feminino, apesar de haver algumas explicações atendendo a fatores genéticos, psicológicos, fisiológicos ou socioculturais.

Uma das pessoas que tem estudado tal realidade é Raquel Bartolomé, professora de Psicologia do Centro de Investigação de Criminologia de Albacete, a qual afirma que, enquanto as meninas tendem a objetivos amorosos e afetivos, os meninos são mais agressivos e com piores habilidades sociais. "Essas pequenas diferenças da infância vão se acentuando à medida que o indivíduo caminha em direção à maturidade", diz. E conclui: "As mulheres não são nem melhores nem piores, elas têm estilos de conduta diferentes".

Pensamento compartilhado pelo afamado forense José Antonio García-Andrade, advertindo que "o ato criminoso não se deve a um único fator, assim como a testosterona não explica por si só a maior criminalidade masculina". Seja como for, em quase todas as comparações realizadas entre mulheres e homens criminosos, os segundos sempre ganham das primeiras. O campo dos assassinos seriais não é uma exceção, e as estatísticas revelam que a cada 15 criminosos masculinos desse tipo existe uma assassina serial.

As diferenças não acabam aqui. Outro estudo realizado em 1997 pelo investigador Eric Hickey, que tomou como base 34 assassinas seriais, deduziu que a média de idade dessas criminosas é de 33 anos e que as vítimas preferenciais são pessoas com pouca capacidade de defesa, como idosos e crianças, ou vítimas que confiam muito nelas, como maridos ou pessoas aos seus cuidados. Tudo isso tem razão de ser, e se separa nitidamente da posição social dada tradicionalmente à mulher, a de dona de casa e enfermeira que cuida dos familiares e conhecidos. De fato, dessas 34 assassinas estudadas, seis eram enfermeiras.

O fato de escolherem crianças, idosos e homens confiados como vítimas prediletas tem também muito a ver com sua menor força física em relação aos homens, o que as leva a procurar vítimas mais fracas nesse sentido – crianças e idosos – e pessoas que não suspeitariam delas – maridos –, para poder matá-los sem resistência.

Um dado muito curioso desse estudo afirma também que a metade delas contou com um cúmplice masculino para cometer os assassinatos, diferentenete dos assassinos seriais masculinos que preferem atuar sozinhos. Quando o acompanhamento acontece, há também uma alteração substancial. As vítimas já não são próprias da mulher, mas do homem. Ou seja, não é tanto o homem quem ajuda a matar, mas o contrário. Por isso as vítimas já não são crianças, idosos e maridos confiados, mas mulheres.

Na Europa temos um dos casos mais estremecedores de casal de assassinos seriais. O casal composto por Frederick e Rosemary West, de Gloucester, Inglaterra. Ele foi acusado de matar dez mulheres de diversas idades ao longo de 20 anos e ela de cúmplice em alguns desses crimes e de agir sozinha em ao menos três.

Os assassinatos eram cometidos em sua casa e neles sempre esteve presente o sadismo como meio de aumentar o prazer sexual do casal. O mais estremecedor era que algumas vítimas eram escolhidas entre os parentes do casal, como a enteada e a primeira esposa de Frederick ou a primeira filha de ambos. O casal soube do perigo que representava matar parentes tão chegados e sempre escolheu aqueles que moravam relativamente longe do domicílio conjugal; por esse motivo, durante anos nunca entraram na lista dos principais suspeitos. O restante das vítimas era caronas ou mulheres vindas de bairros marginais.

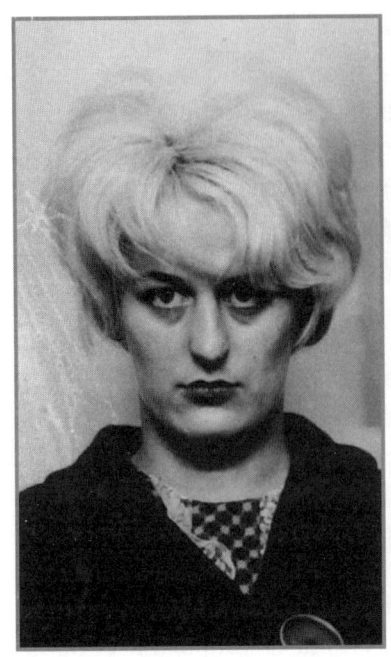

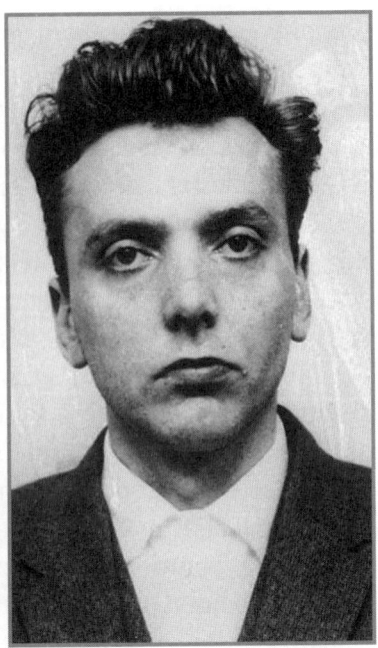

Myra Hindley, a mulher mais odiada da Inglaterra, *de acordo com os jornais britânicos. À direita, seu marido Ian Brady. Juntos protagonizaram uma história cheia de assassinatos e sadismo que terminou com a prisão de ambos horas depois de cometerem seu último crime.*

Os restos eram enterrados no jardim com muito cuidado.

Não é um caso único, a história também nos tem proporcionado as histórias de Charles Starkweather e Caril Fugate, a de Charlene e Gerald Gallego ou a de Myra Hindley e Ian Brady. Todas brutais e muito prolíficas no número de vítimas.

Concentrando-nos nessa última por seu especial interesse, Ian Brady tinha 23 anos quando conheceu Myra, uma secretária cinco anos mais nova, com quem iniciou um relacionamento que no início não tinha nada de anormal. Mas o era. Ela, jovem e amante dos animais e das crianças, se encantou pelo poder que Ian exercia sobre sua pessoa, tornando-se uma seguidora submissa e fiel, até o ponto de abandonar sua família. Esse detalhe é muito comum nos casais de assassinos seriais e também está presente na história de Charles Starkweather e Caril Fugate, como já vimos.

Em 1963, Ian convence Myra sobre a necessidade de cometer o crime perfeito para demonstrar sua superioridade intelectual sobre outras pessoas. Ela concorda e, em 12 de julho, pega uma caroneira em seu furgão. Ian vai atrás em uma moto. A desconhecida é Pauline, de 16 anos. Sempre simpática para não despertar suspeitas, Myra a leva a um lugar isolado em Manchester com a desculpa de procurar uma luva perdida, e ali Brady a estupra e a degola. O corpo é enterrado para não deixar pistas.

O casal já matou e esse prazer que os assassinos seriais sentem com a primeira vítima os faz continuar. Em 2 de novembro, matam um menino de 12 anos, John Kilbride, seguindo o mesmo ardil, e em 16 de junho de 1964, a vítima é outro garoto da mesma idade, Keith Bennett. O *modus operandi* não se altera porque até agora deu excelentes resultados. A polícia ainda não localizou nenhum dos corpos.

Corajosos pela impunidade que têm até o momento, o casal deseja experimentar mais emoção e varia seu procedimento. Um ano e meio depois de assassinar Keith Bennett, sequestram Lesley Ann Downey, uma menina de 10 anos. Com um enorme sangue-frio a levam para casa e ali a obrigam a posar nua enquanto a fotografam. Em seguida, Brady a estupra. De acordo com a confissão que mais tarde ele daria, sua namorada insistiu em matá-la estrangulando-a com um laço de seda que costumava usar sempre em público.

A polícia só tem denúncias de desaparecimentos e o casal tem sua confiança elevada. Acreditando serem invencíveis ou já fora da realidade, de acordo com o ponto de vista, em 6 de outubro de 1965 fazem o cunhado de Myra, David Smith, testemunha de um dos crimes. O homem havia ido pedir dinheiro a eles e a resposta de Brady foi que ele voltasse horas mais tarde com o jovem de 17 anos Edward Evans. Diante do olhar atônito do cunhado, Brady bate no garoto com um machado e o estrangula na sala. Obriga Smith a agarrar o machado para que suas impressões digitais ficassem impressas no cabo e envolve o cadáver em plástico. Quando o casal vai dormir, David Smith sai horrorizado da casa e, com sua mulher, chama a polícia.

No domicílio conjugal ainda permanece o cadáver envolto em plástico e uma senha de uma estação de trem onde se encontram as fotografias do estupro e assassinato de Lesley Ann Downey. O julgamento causa furor no país. Myra Hindley é apelidada pelos jornais como *a mulher mais odiada da Inglaterra*. Graças à sua confissão, os cadáveres ocultos no pântano, com exceção do de Keith Bennett que jamais aparecera, puderam ser desenterrados.

As envenenadoras

Em relação à motivação das assassinas seriais, o estudo de Eric Hickey revelou que três quartos delas matam por lucro e que uma ínfima parte o faz por sexo ou sadismo. Um ano após suas conclusões, os especialistas em homicídios múltiplos Holmes e Holmes elaboraram uma tipologia de assassinas seriais baseada em sua motivação.

MOTIVAÇÃO	CARACTERÍSTICAS
Visionárias	– Correspondem às psicóticas. – As vítimas costumam ser desconhecidas. – Uma voz ou uma visão as induz a matar.
Lucro	– As vítimas são conhecidas e selecionadas por sua posição social. – Ausência de sadismo. – Delitos bem planejados.
Sexo/Sadismo	– Os crimes são planejados. – As vítimas são desconhecidas. – São selecionadas por seu aspecto físico ou algum detalhe de especial significado para a assassina.
Poder e controle	– Os crimes são bem planejados. – As vítimas são desconhecidas. – Ela mata para reafirmar seu ego.
Lealdade	– Os crimes costumam ser bem planejados. – Os assassinatos foram cometidos sob a influência de outra pessoa, da qual o assassino busca aceitação ou aprovação. – As vítimas costumam ser desconhecidas e escolhidas pelo sujeito dominante.

Em relação à arma mais empregada, tanto o estudo de Eric Hickey como o de Holmes e Holmes chegaram à conclusão de que era o veneno. O motivo principal que as próprias assassinas deram para explicar sua predileção pelo veneno está no tempo que a polícia leva para detectar sua presença no corpo das vítimas, o que lhes permite, a princípio, continuar matando. Mas não somente por isso.

Uma das pessoas que mais tem investigado o mundo das envenenadoras seriais na Espanha é a jornalista e criminalista Marisol Donis. Autora do livro *Envenenadoras* (Esfera de los Libros, 2002), Donis se remete às palavras do criminólogo Impallomeni, afirmando que as grandes vantagens do veneno são "sua fácil ocultação, volume escasso, aquisição anônima e com pouco esforço, e desembolso econômico importante"; e, além disso, com ele "mata-se rapidamente e evita-se o derramamento de sangue". Qualidades imprescindíveis para mulheres que não desejam tocar sua vítima: conseguem realizar um crime limpo com substâncias que matem pouco a pouco e sem levantar suspeitas. Outra vantagem é a facilidade em conseguir determinados tóxicos que são camuflados em casa sem maiores problemas, como remédios ou artigos de limpeza. Outros estudiosos como o investigador Domingo Saumench vão pela mesma linha, afirmando que seu emprego se deve a que "provoca uma morte relativamente humana e porque não requer uma ação direta, já que a vítima o ingere de próprio punho".

Alguns especialistas acreditam ver nessas qualidades uma consonância perfeita com o caráter feminino. Por exemplo, a repulsão generalizada que as mulheres sentem diante da violência e do derramamento de sangue casa perfeitamente com o emprego desse tipo de substâncias, que podem provocar a morte, porém dessa forma mais limpa da qual fala Marisol Donis. Além disso, o veneno se une a outra constante como a astúcia. "A fraqueza física da mulher é substituída pela astúcia, dissimulação e decisão. Ao ser mais esperta que o homem e saber esperar o momento oportuno, quando adota o veneno já premeditou e procurou o momento certo para administrá-lo", comenta no livro mencionado a criminóloga Marisol Donis.

A respeito do tipo de venenos empregados, é a imaginação da assassina, seu poder econômico e o acesso aos tóxicos que são os fatores que marcam seu uso. Entre os mais empregados atualmente se destacam os derivados do arsênico, diversos venenos para matar ratos e medicamentos legais como antidepressivos ou antipsicóticos, que são administrados em doses mortais. À margem desses, poderia se dizer que tudo serviu, fazendo válido o ditado de Paracelso que assegurava que "Nada é veneno e tudo é veneno, a diferença está na dose". E assim, em 1889 a espanhola Pelegrina Montesis era presa por ter assassinado seu marido após envenená-lo com um purê cheio de pó de vidro. A curiosa mistura fez com que o Supremo Tribunal ditasse uma sentença, ainda vigente, em que argumentava que "veneno é toda substância que, introduzida no organismo, pode causar a morte ou problemas graves. Não importa que sua atuação seja química ou mecânica, pertença ao mundo mineral, vegetal ou animal, admitindo-se que pode ser administrada por qualquer via: inalação, ingestão ou injeção".

Frasco de arsênico, um dos venenos mais potentes e utilizados pelas envenenadoras seriais.

    Entre as envenenadoras mais famosas da história, Margarita Sánchez tem um papel predominante. A que seria conhecida como a *Envenenadora de Hospitalet* era uma mulher analfabeta, pouco agraciada fisicamente e, principalmente, fria e calculista.

Seu nome começa a ser conhecido nos círculos policiais a partir de 26 de agosto de 1995, quando José Antonio Cerqueira, imigrante português e residente em Hospitalet, dá entrada no Hospital Príncipes de España. Seu estado é de coma e antes de desmaiar só lembra que começou a se sentir mal durante uma refeição entre sua família e a de uma vizinha, composta por uma mulher chamada Margarita e seus dois filhos adolescentes.

No hospital, todos temem por sua vida. A mencionada Margarita vai visitá-lo e cuida dele como se fosse sua esposa, porém, quando esta volta de Portugal para cuidar do marido, Margarita não volta a aparecer. Após vários dias de cuidados extremos, o homem parece se recuperar. Os médicos ainda desconhecem a origem da síncope, mas deduzem que aconteceu por uma intoxicação de remédios "ao ser excluídas as alterações normais do sistema nervoso em alguém de sua idade. Não foi encontrada a causa da mesma, sendo negativas todas as análises de toxicologia praticadas", diz o laudo médico.

Um mês mais tarde, em 26 de setembro de 1995, uma morte choca o bairro. Trata-se de Piedad Hinojo Iranzo, mulher de 66 anos de idade, cujo cadáver é encontrado caído no sofá rodeado de vômito e urina por sua filha Soledad García. Piedad tinha uma saúde relativamente boa e nada levava a crer que aconteceria uma morte tão trágica. Sua filha não entende e por isso sua memória resgata as ligações que uma vizinha chamada Sonia fez nos últimos dias, afirmando-lhe ter visto a vítima bastante mal. Sonia é uma das filhas de Margarita.

Soledad suspeita que algo terrível aconteceu. Não só pelas ligações, mas também porque, quando entrou em casa, a porta da rua estava sem as chaves e destrancada, algo que sua mãe não permitiria por ser muito cuidadosa. Além disso, existe uma mancha no lavabo que parece ser de café e vidro quebrado ao redor do sofá. Quando questiona os vizinhos, estes relatam que na tarde do sábado Margarita e sua filha Sonia tiveram de levar Piedad urgentemente ao Hospital Clínico, onde os médicos não souberam diagnosticar a causa de sua piora repentina e acabaram chegando à conclusão de que havia sido uma ingestão excessiva de remédios. Assim como no caso de José Antonio Cerqueira. Soledad jamais foi avisada da ida de sua mãe ao hospital por Margarita ou por sua filha Sonia.

Uma investigação mais profunda no apartamento descobre a ausência de vários objetos de valor e, em outra visita à Caixa Cataluña, descobre-se que alguém tirou dinheiro da conta de Piedad, alguém com o nome de Margarita Sánchez. Quando a polícia recebe a denúncia de Soledad, rapidamente inicia um dispositivo de busca. "Mulher de 1,60 metro de altura, morena, cabelo na metade das costas, estrábica do olho esquerdo e acompanhada de seus dois filhos, garoto e garota, esta entre os 16 e 18 anos", é a descrição feita pelos agentes. Pouco depois, em 26 de dezembro de 1995, é presa quando tentava vender objetos de valor pertencentes a Piedad em uma casa de penhor.

Após ter se negado a confessar, usando a desculpa de ser analfabeta, é posta em liberdade à espera do julgamento. A calma parece voltar à delegacia até que o nome de Margarita surge novamente, dessa vez relacionando-a com a misteriosa intoxicação de Antonio Cerqueira. Antes de continuar, devemos saber que o fator que separa o envenenamento da intoxicação é a intencionalidade. Envenenar é administrar conscientemente qualquer substância que sabidamente é prejudicial para sua saúde. O contrário, o desconhecimento dessa qualidade nociva, leva à intoxicação. A diferença não é insignificante, já que o envenenamento leva ao assassinato ou à tentativa de homicídio, enquanto que a intoxicação pode terminar em homicídio culposo. Em cada um dos casos, a pena é diferente.

O mesmo acontece conosco. Se ingerirmos o que é sabidamente veneno de rato, estaremos nos envenenando, enquanto que, se comermos cogumelos achando que são inócuos, estaremos nos intoxicando.

A grande surpresa aconteceu quando os agentes encarregados da investigação interrogaram os vizinhos de Margarita. Estes se referiam a ela com toda a naturalidade como a envenenadora e a acusavam de ser a assassina de seu marido, seu cunhado, de um vizinho e de tê-lo tentado também com sua sogra. Em uma das farmácias foi constatado que a mulher havia comprado Colme há alguns anos, um medicamento composto por cianamida, derivado do cianureto, com o qual ela tratava do alcoolismo de seu marido.

As peças parecem ir se encaixando e Margarita é submetida a uma ferrenha investigação. Os investigadores entrevistam seus conhecidos e todo aquele que possa ceder dados relevantes sobre dez anos atrás. Desse modo sabem, por exemplo, que seus parentes já mortos tiveram um longo histórico de entradas e saídas em vários hospitais por doenças desconhecidas e que alguns morreram em circunstâncias não esclarecidas. Em 19 de junho de 1996, Margarita e sua filha Sonia são presas pela acusação de terem envenenado sete pessoas.

No interrogatório posterior as suspeitas confessam e, com um sangue-frio que assusta os agentes, relatam como punham as doses letais do medicamento Colme no café ou na bebida da pessoa que queriam matar. Depois dispunham de seus cartões de poupança e rapidamente tiravam o dinheiro das contas, falsificando suas assinaturas ou afirmando ao caixa que o faziam em seu nome por indisposição médica dos titulares. Como tantos outros assassinos seriais, Margarita se retrataria de sua confissão no início do julgamento, em janeiro de 1998. Conseguiu a seu favor a impossibilidade de praticar a autopsia dos cadáveres que estavam há anos enterrados e foi condenada por somente três crimes de lesões e vários roubos e calotes. Porém, a pena foi de 34 anos de prisão.

Eles também envenenam

Se Margarita Sánchez não teve uma pena maior foi porque a detecção do veneno dentro do organismo não é tão imediata nem fácil de constatar, assim como seus efeitos não são tão imediatos como se pode acreditar. De modo geral, a toxicidade pode aparecer dentro das 24 horas seguintes à ingestão, dentro dos 15 dias seguintes, a partir de 15 dias até os três meses ou após esses três meses. Não há a necessidade de dizer que, quanto mais tempo os primeiros efeitos demoram em aparecer, maior será a dificuldade para suspeitar de um assassinato.

Por isso o envenenamento ocupa um dos últimos lugares nos índices de criminalidade, constituindo a *cifra negra do crime*, denominação que engloba aqueles assassinatos e homicídios que passam como mortes naturais, suicídios ou acidentes domésticos.

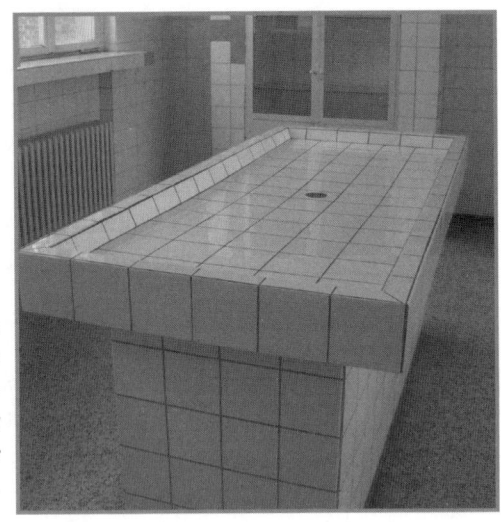

Mesa de autópsias. A autópsia é, em muitas ocasiões, o único procedimento capaz de averiguar se uma pessoa morreu envenenada. E nem sempre se consegue.

Na Espanha, o encarregado de realizar as análises toxicológicas é o Instituto Nacional de Toxicologia e Ciências Forenses, órgão adscrito ao Ministério da Justiça. Esse tipo de análise pode ser realizado em dois tipos de corpos: os que ainda têm vida e nos mortos. Em relação aos primeiros, basta em muitas ocasiões atender à tonalidade da pele, ao odor do hálito ou ao estado geral para intuir se alguém foi envenenado ou intoxicado. Assim, a presença de taquicardias pode levar a uma ingestão de cocaína; o delírio, à presença de beladona, chumbo ou arsênico no organismo; os espasmos uterinos, a um excesso de fósforo ou chumbo; as contrações faciais, à ingestão de chumbo e mercúrio em grandes doses... e assim sucessivamente. Ainda que nada seja conclusivo, enquanto não sejam realizadas as análises médicas oportunas.

No caso dos cadáveres, a detecção do veneno pode se complicar ainda mais, porque este tende a desaparecer do corpo, absorvido pelo próprio organismo. É por isso que os forenses dedicam uma especial atenção às unhas e ao cabelo, por ser aí que os tóxicos permanecem por mais tempo.

Foi assim que Yiya Murano foi presa na Argentina, a mulher que assassinou entre 11 de fevereiro e 24 de março de 1979 três amigas utilizando cianureto. Assim como Margarita Sánchez, a serenidade com que falou surpreendeu os presentes, que ouviram

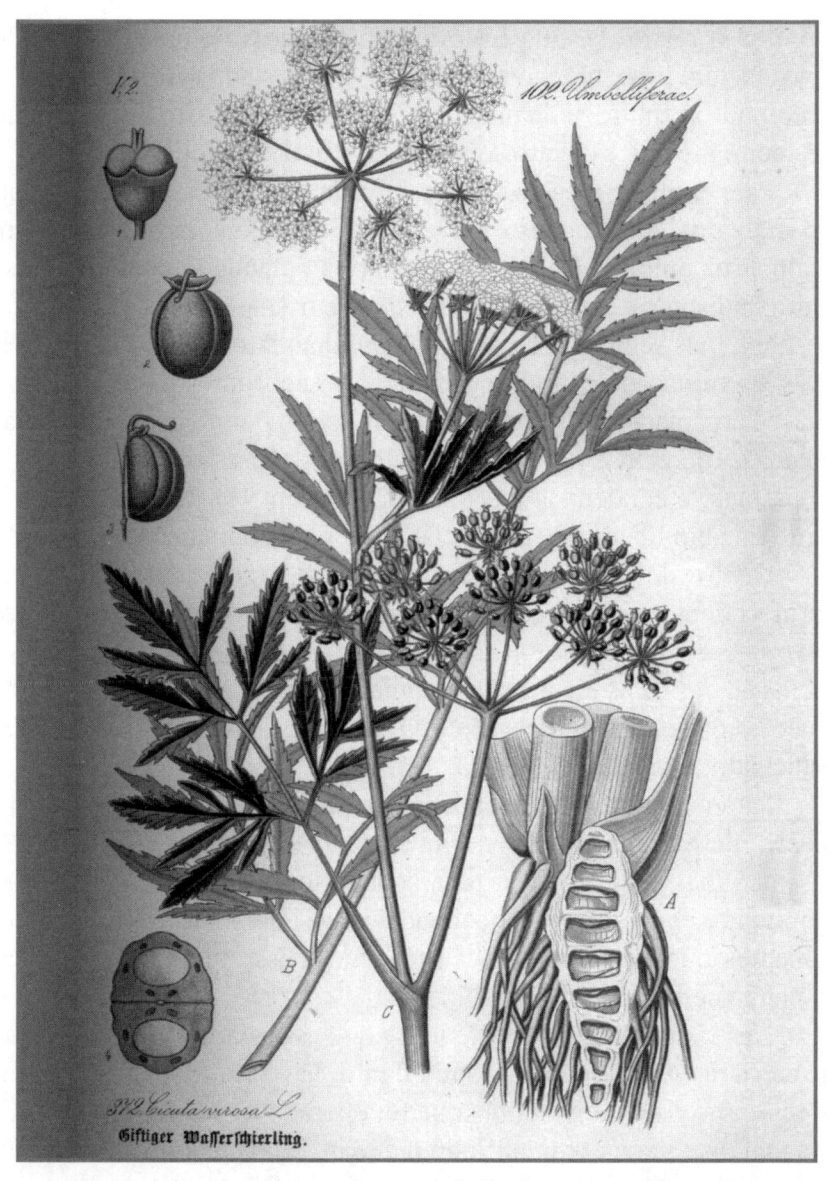

Antigo tratado sobre plantas. Durante séculos as envenenadoras tiveram seus próprios livros para aprender quais plantas deveriam utilizar e como.

atônitos o relato de uma história que começava em 1979, quando Yiya decidiu especular com o dinheiro de suas amigas para devolvê-lo com juros em troca de uma comissão por suas gestões. O negócio deu certo até que Yiya atrasou a devolução de 300 mil dólares.

Para explicar-lhes a situação, Yiya marcou com elas um encontro individual em sua casa, oferecendo-lhes chá com bolachas para acalmar os ânimos. Depois da reunião, a convidada começava a se sentir indisposta e acabava morrendo, em sua própria casa ou no hospital, mas sempre com sua *boa amiga* ao lado.

A exumação de um dos cadáveres descobriu restos de cianureto em seu organismo, presumivelmente ingerido por meio do chá ou das bolachas oferecidas por Yiya. A mulher foi acusada formalmente de assassinato e condenada à prisão perpétua em 1985. Dez anos mais tarde saía em liberdade, beneficiada por uma comutação de penas.

Dentro do mundo das envenenadoras existe uma modalidade surpreendente por suas características e que tem recebido o nome de *síndrome de Münchausen por poderes*. Afeta quase que exclusivamente as mulheres e consiste em uma disfunção mental que provoca a necessidade constante de sentirem-se necessitadas por sua família, principalmente pelos filhos.

Para conseguir tal dependência, essas mulheres são capazes inclusive de recorrer ao envenenamento, não com o propósito de assassinar, mas para provocar uma doença sobre a qual se debruçarão com toda a força. Outra modalidade consiste em não administrar os remédios que os doentes precisam para, dessa maneira, continuar tomando conta deles.

Nos Estados Unidos, calcula-se que essa síndrome seja a causa de cerca de 10% da mortalidade infantil, havendo casos tão assustadores como o de uma menina que foi operada 34 vezes para corrigir um mal que a fazia vomitar tudo o que ingeria. Quando as autoridades sanitárias investigaram mais a fundo a anomalia, descobriram a real causa dos vômitos: o veneno que, em pequenas doses, era administrado pela própria mãe secretamente para evitar que sua filha se curasse.

Porém, não são somente as assassinas seriais que tendem a utilizar o veneno em seus crimes, também os homens, e em

O anjo da morte, o dr. Harold Shipman junto com algumas de suas vítimas.

um número tão elevado que, para agrupá-los, foi criada a categoria conhecida como *anjo da morte*, em clara disputa com a feminina das *viúvas negras*. Por *anjo da morte* entendem-se as pessoas que decidem matar outras, de acordo com elas, para aliviar seu sofrimento em vida, mesmo que, como demonstrarão alguns casos que vamos repassar agora, nada é certo em suas palavras. Costumam ser profissionais da saúde ou assistentes sociais com fácil acesso a medicamentos e com pessoas dependentes ou doentes sob sua responsabilidade.

Entre os mais conhecidos está o inglês Harold Shipman, afável médico de família que trabalhava na localidade de Hyde, perto de Manchester. Durante 15 anos esse personagem agiu impunemente, até que no ano 2000 foi preso e acusado de provocar a morte de mais de 200 idosos com injeções de morfina ou diamorfina. De acordo com seu testemunho, ele o fez por caridade e compaixão, considerando-se uma espécie de Deus, senhor da vida e da morte. Motor que caminhava junto com a cobiça. De fato, foi somente quando se descobriu que havia falsificado o testamento de uma de suas vítimas que a polícia começou a suspeitar de sua atividade extraprofissional.

O autor confesso do envenenamento de várias idosas no asilo La Caritat, de Olot.

Outro compatriota seu em todos os sentidos foi Benjamin Geen, condenado em 10 de maio de 2006 a 30 anos de cadeia pelo assassinato de duas pessoas e a tentativa de outras 15. Enfermeiro no Hospital General Horton de Oxfordshire, seu *modus operandi* consistia em injetar drogas, relaxantes musculares e sedativos nas vítimas, para provocar a parada dos músculos respiratórios.

Também como Shipman, sua finalidade não era provocar a morte, mas ressuscitar o doente quando essa parecia ser inevitável. "Sempre há um ressuscitado quando estou de plantão", dizia orgulhosamente no trabalho. Com essas palavras Geen demonstrava a satisfação que lhe proporcionava dominar a vida e a morte de seus pacientes, sentir-se Deus. Porém, nem todos ressuscitavam e ao menos em duas ocasiões a morte ganhou o jogo. Isso e uma seringa em seu bolso, cheia de uma dose letal de relaxante muscular, conseguiram o fim de sua carreira criminosa.

Curiosamente, quando escrevo essas linhas, um homem de 45 anos de idade, vizinho da localidade gerundense de Castellfollit de la Roca e que responde pelo nome de Joan V, foi preso na localidade catalã de Olot, suspeito de ter envenenado ao menos 11 idosos no asilo La Caritat, onde trabalhava como zelador.

Pela confissão do próprio aos Mossos d'Esquadra, ficou-se sabendo que obrigava suas vítimas a ingerir um líquido abrasivo, provavelmente água sanitária, que acabava em poucas horas com a vida delas. A morte era constatada como "morte natural" pela idade avançada dos pacientes, e assim ele ficava impune. Um procedimento diferente para um caso claro de *anjo da morte*. E, assim como nos exemplos recém-comentados, o advogado de defesa de Joan V afirmou que seu cliente as havia matado "por amor", para evitar seu sofrimento.

Uma tentativa em vão de desviar a atenção, porque horas mais tarde o acusado reconheceria ter se sentido "ser Deus" quando acabou com as idosas nos passados 12, 16 e 18 dc outubro. Mesma história com diferentes protagonistas.

4

O Problema do Tratamento

Um horizonte muito distante

Chegou a hora de formular a grande pergunta: o que podemos fazer para evitar que um assassino serial volte a matar? A pergunta não é fácil de responder. Não ao menos no que se refere aos psicopatas. Com os assassinos psicóticos o problema não é tão grande, já que, uma vez presos, podem ser internados em centros psiquiátricos até conseguirem sua reinserção sob um atento olhar médico e familiar. Porém, com os psicopatas essa medida não pode ser aplicada pelo simples motivo de não serem doentes mentais. E não o são porque já dissemos que eles sabem distinguir perfeitamente o bem do mal.

Se vocês presenciarem alguma vez um julgamento de um possível psicopata, constatarão que a luta entre o advogado de defesa e o promotor girará em torno dessa questão. O advogado de defesa pretenderá por todos os meios que o juiz e o júri decretem a incapacidade do acusado ou uma atenuação da pena por transtorno mental, enquanto o promotor apresentará os argumentos contrários, dirigidos a demonstrar seu bom raciocínio.

Seja qual for o resultado do julgamento, os fatos e os estudos psiquiátricos têm nos demonstrado que os psicopatas sabem perfeitamente estar infringindo a lei com seus crimes. Sabem que não devem cometê-los e ainda assim os cometem. Sabem que irão para a cadeia e ainda assim os cometem. Sabem que matar é proibido... e ainda assim os cometem.

Pouco sabemos realmente sobre as causas que originam a psicopatia, por isso é tão difícil prevenir a atuação dos psicopatas assassinos.

A seguir, citarei as palavras proferidas pelo professor José Sanmartín, diretor do Centro Reina Sofía para o estudo da violência sobre os psicopatas:

> Não é um doente mental. Sabe o que faz. O que acontece é que não sente o que faz. Sua tomada de decisões é fria, sem sentimentos nem remorsos. Seu comportamento quando mata não é humano. Na verdade, mata como um predador que elimina uma presa de uma espécie diferente.

Essa clareza em seu raciocínio impede, como dizia, que sejam qualificados de loucos ou doentes mentais, motivo pelo qual seu destino não pode ser um hospital psiquiátrico, mas a cadeia. Nos países onde a prisão perpétua ou a pena capital é aplicada, o problema termina, uma vez que o réu foi condenado em sentença firme a uma das duas. Seja pela prisão perpétua ou pena capital ele acabará morrendo na cadeia, pelo que não haverá o medo de que possa reincidir. O dilema chega com os países que não têm essas penas. Neles, e respeitando os princípios de reabilitação e reinserção social atualmente vigentes, os psicopatas assassinos têm o mesmo direito que qualquer outro preso a ser soltos, uma vez tenham cumprido sua pena. E é aqui que reside o xis da questão, pois as estatísticas dizem que, uma vez que recuperam a liberdade, existe uma altíssima probabilidade de reincidência. Talvez não no mesmo dia ou no mesmo mês, mas sim depois de um tempo.

O que podemos fazer então? Os especialistas divergem de opinião, e tentam entrar em acordo baseando-se em dois enfoques que vamos ver exaustivamente. O primeiro, o que poderíamos chamar de *caminho primário*, centra-se em averiguar as causas que formam a psicopatia, ou seja, descobrir quais os fatores sociais, ambientais ou genéticos favorecem o surgimento da psicopatia para erradicá-los ou controlá-los e evitar que alguém se transforme em psicopata, e o segundo, que chamaremos de *caminho secundário*, em decidir o que se deve fazer com um psicopata que já cometeu ao menos um assassinato para que não volte a matar.

O caminho primário. O psicopata: nasce ou é criado?

Até o momento ninguém foi capaz de descobrir quais fatores originam a psicopatia. Apesar de investigações profundas, ninguém consegue decifrar suas origens.

Alguns acreditam que possa ter origem por meio de fatores genéticos, que o psicopata nasce psicopata; outros, que a psicopatia surge graças a fatores ambientais, que ele é criado; e outros acreditam que o psicopata nasce com genes que o predispõem a padecer dessa anomalia e que, dependendo do ambiente no qual seja criado, esses se desenvolvem em um determinado caminho. As três visões têm seus prós e contras respectivos.

Aproximando-nos da teoria que fala sobre o componente genético como origem da psicopatia, estudos realizados mediante tomografias cerebrais têm demonstrado que o lóbulo frontal de um psicopata é menos ativo que o de alguém normal. Precisamente a região do cérebro onde estão registradas as inibições e repressões que nos impedem de matar e cometer outros atos violentos. É uma explicação perfeita para compreender por que os psicopatas não mostram os remorsos inerentes a quase todos os seres humanos.

Outros estudos demonstram um aumento em seus níveis de testosterona e uma diminuição nos de serotonina. A testosterona está

Cadeia Modelo no início do século XX.

intimamente relacionada ao caráter violento de uma pessoa. Quanto maior for sua presença no corpo, maior será a violência desprendida de seu portador, ao menos é o que diz a teoria. Enquanto a serotonina é um neurotransmissor natural cuja função é a de regular a excitação, a atividade sexual, os estados de ânimo e a agressividade. Em baixa quantidade, o resultado é uma pessoa com uma deficiência no controle das condutas mencionadas.

Ambas as propostas são cativantes, porém na prática não são aplicáveis a todos os psicopatas, porque muitos deles têm índices normais de serotonina, e porque nem todos os que carecem dela acabam se tornando assassinos. O mesmo acontece com a testosterona, ainda que o dr. James M. Dabbs tenha demonstrado, em um estudo realizado em 44.462 homens, que os autores de crimes violentos eram os que possuíam os valores de testosterona mais altos. Como podemos ver, uma de cal e outra de areia.

Não tiveram melhor sorte aqueles que se centraram ou que se centram nos fatores sociais e ambientais, ainda que aqui o campo de estudo, poder-se-ia dizer, seja muito mais amplo.

Nenhuma política penitenciária serviu para reabilitar os psicopatas assassinos; somente o tempo e a entrada da velhice aplacam suas tendências homicidas.

A realidade nos dita que ninguém nasce com as normas morais aprendidas. Estas são adquiridas no decorrer da infância e da adolescência. Durante essas épocas a criança vai formando uma imagem de si mesma por meio do trato que recebe de sua família e dos amigos. Se agirmos bem, recebemos um prêmio – carinho, beijo, doces... – e, se fizermos algo errado, um castigo – bofetada, reprimenda... –. É assim que distinguimos o certo do errado. Mas o que acontece se ninguém nos ensina essa diferença ou se recebemos um prêmio por fazer algo errado? No primeiro caso, nosso sentido de moral não corresponderá ao imperante na sociedade, porque ninguém nos ensinou a diferenciar ambos os conceitos, motivo pelo qual seremos nós nossos próprios juízes. E, no segundo, saberemos distinguir o bem do mal, mas acreditando que o segundo seja uma via válida para alcançar nossas metas e desejos.

Essas carências costumam ser próprias de pessoas que sofreram maus-tratos na infância, e por isso os primeiros anos de vida dos assassinos seriais são investigados minuciosamente, buscando elementos que expliquem sua posterior violência. Certamente são muitos os criminosos desse tipo que tiveram infâncias trágicas, com pais alcoólatras, quando não, também assassinos. Robert Ressler pôde constatá-lo quando completou o programa de entrevistas com os piores assassinos seriais dos Estados Unidos. Seu documento final incluía a seguinte sentença:

> Suas mães se caracterizaram por ser frias, distantes, negligentes e nada carinhosas com seus filhos, no momento em que um ser humano normal é mimado.

Também concluiu que nunca houve no ambiente dos sujeitos entrevistados uma figura forte em que se basear, alguém que guiara suas condutas e lhes ensinara a distinguir o que estava certo do que estava errado. No entanto, milhões de crianças em países do Primeiro e do Terceiro Mundo também têm essas mesmas infâncias traumáticas, se não mais, e não se transformaram em psicopatas. E mais, existem casos de assassinos seriais que tiveram infâncias felizes, com mães carinhosas que se sacrificaram pelo cuidado de seus filhos. Gilberto Chamba, *o Monstro de Machala*, foi um deles.

Natural da localidade equatoriana de Machala, Gilberto Chamba Jaramillo assassinou cruelmente, durante sua fase adulta, mais de dez mulheres entre seu país natal e a Espanha. Quando foi interrogado, após sua prisão em 2005, afirmou ter tido uma infância feliz e ter se sentido amado pelos seus pais, os quais nunca culpou de nada. E não é um caso único.

Então, se o fator genético e ambiental-social não pôde decifrar a origem da psicopatia, o que podemos deduzir? Pessoalmente me inclino pela terceira via, a que fala de uma série de fatores genéticos, ambientais e sociais como a origem dessa perversão mental. Acredito que existam pessoas com uma inclinação inata para a violência que, conjugada com determinados fatores sociais e ambientais, as leva a se transformarem em assassinas.

Estudos elaborados pelo antropólogo e sociólogo Stuart Palmer têm demonstrado que nas sociedades denominadas primitivas o assassinato de pessoas desconhecidas era uma prática tremendamente incomum. Lembremos que era assim que se denominavam no passado os crimes seriais. A conclusão é que sejam as sociedades modernas e industrializadas as que com uma maior incidência sofreram historicamente esse tipo de criminalidade. A chave se centra em des-

Está demonstrado que, naquelas sociedades em que a violência se mostra mais arraigada, o fenômeno dos assassinos seriais tem maior incidência que no resto das nações.

cobrir quais os fatores que motivam o auge da psicopatia. Quais não estavam presentes nas sociedades primitivas e sim agora.

Um é a cultura da violência na qual vivemos imersos. Certamente a violência existiu sempre e em termos globais pode ser que no passado as sociedades fossem mais belicosas. A diferença está em que hoje a violência tem se instalado em nossas casas, em nossos bairros. Dito graficamente, antes as sociedades se matavam entre si, hoje o fazemos entre vizinhos.

Para essa difusão da violência têm contribuído enormemente o cinema, a televisão, a internet... meios de comunicação que não param de destacá-la, mostrando-nos ídolos musculosos e hábeis no manejo de armas. "Os espaços informativos oferecem cenas de jovens que eliminam seus inimigos com armas de fogo, sem comentar em nenhum caso que essa é uma maneira inaceitável de resolver uma situação difícil", comenta acertadamente Robert Ressler em seu livro *Dentro do Monstro* (Ariel, 2003).

Se você não souber brigar não é ninguém, essa é a mensagem que anúncios e séries de televisão transmitem. A violência recebe ares de nobreza e é vista como um meio legítimo para solucionar problemas e conseguir aquilo que não pode ser alcançado por outras vias. Com a violência se resolvem afrontas, recupera-se a honra perdida, alcança-se o *status* social, o respeito. Só nos Estados Unidos, a metade das mortes registradas por ano tem sua origem em uma disputa prévia. De acordo com essas mensagens, já não é somente lícito matar em legítima defesa, mas também em defesa da honra. A Espanha tem numerosos exemplos que demonstram isso.

Em 21 de janeiro de 2001, o jovem de 23 anos José Antonio Rodríguez Pardo foi abatido em uma floresta na localidade leonesa de Fresno de la Vega. Havia descido de seu carro para retirar alguns troncos que estavam no meio do caminho quando um tiro de escopeta o atingiu no pescoço. A autópsia revelaria que esse disparo não foi mortal, nem o segundo, recebido no tórax e a curta distância, mas o terceiro. Depois de atingir o pescoço, o assassino se aproximou lentamente do ferido. Sem se importar com as súplicas da vítima, atirou em seu peito com a escopeta de caça. Como ainda estava viva, apontou para a têmpora direita. Logo em seguida, atirou.

Quando a Guarda Civil deteve Carlos Enrique Sandoval, de 31 anos, pelo assassinato da pessoa a quem todos no povoado consideravam um amigo, este só pôde dizer que o havia matado por vingança. Algumas semanas antes, a vítima o havia chamado de "muquirana" na frente de um grupo de jovens que se reuniam após o trabalho em um dos bares da cidade.

A psicologia conhece perfeitamente o influxo perverso que essas mensagens produzem na mente dos espectadores. Há alguns anos se discutia se os desenhos animados cheios de golpes e brigas, especialmente os que chegavam do Japão, aumentavam a capacidade de violência das crianças. Pessoalmente sou da opinião de que sim, baseando-me em diversos estudos que têm demonstrado isso, apesar de que algumas partes interessadas continuem afirmando que isso não chegou a ser constatado. E acho a mesma coisa dos jogos de computador, o novo espetáculo do século XXI.

Quanto maior for a facilidade com que os cidadãos obtêm armas de fogo, mais altos serão os índices de criminalidade.

Um segundo fator que favorece a aparição do assassino serial é a facilidade de acesso às armas. Certamente a maioria desses criminosos não utiliza armas de fogo. Eles rejeitam a morte à distância por considerá-la fria e impessoal e preferem utilizar a faca, o método de estrangulamento e, em terceiro lugar, a asfixia. As três permitem sentir sua vítima de perto, experimentar a gratificação de matá-la com suas próprias mãos. No entanto, a maior presença de armas de fogo nas casas e nas escolas, nos hospitais e nos centros de trabalho lhes dá a percepção de que utilizar uma arma é lícito, e dá às pessoas que as carregam a sensação de poder matar em qualquer momento.

As cifras são esclarecedoras nessa questão. Como sabemos, nos Estados Unidos existe o direito constitucional de portar armas. Pois bem, entre 1880 e 1990 o número de assassinos seriais que agiram nesse país oscilou entre 600 e 700. Enquanto na Inglaterra, país que tem inumeráveis paralelismos com os norte-americanos, mas onde não existe o direito de portar armas de fogo livremente, só foram reconhecidos oficialmente 25 casos.

Como terceiro fator que motiva o auge do assassino serial, eu destacaria a despersonalização que nossas grandes cidades sofrem e a pressão social que todos vivemos em alguma ocasião de obter sucesso rapidamente.

Se não enxergarmos nossos semelhantes como pessoas, se não estivermos habituados a nos relacionar com nossos vizinhos e parentes, é mais fácil tratá-los como desconhecidos, como seres carentes de sentimentos, pessoas as quais não importa matar porque ninguém sentirá sua falta.

Em relação a conseguir sucesso rápido, as sociedades ocidentais tendem cada vez mais a considerar um fracassado aquele que não cumpriu com as expectativas sociais antes dos 40 anos de idade. Esse sentimento é gerador de uma enorme pressão em qualquer pessoa, e mais nos psicopatas, incapazes de responder adequadamente às investidas da vida. Já vimos que quase todos começaram a matar depois de um fato que eles qualificaram de insuperável e que não era senão algo comum para o resto dos mortais, como o abandono de um amor ou a perda de um emprego. Como se fosse pouco, a origem humilde que a maioria dos assassinos seriais compartilha não ajuda em nada.

Algum leitor poderá deduzir com razão que, se a cultura do sucesso for propagadora do fenômeno do assassino múltiplo, o que acontece então com o Japão, onde a cultura do sucesso é muitíssimo mais intensa, mas os assassinatos só fazem parte de 1% dos delitos anuais? A resposta é simples. No Japão o fracasso "é pago" tradicionalmente com o suicídio. Por isso o país tem tão poucos assassinatos, porém é um dos cinco países com maior índice de suicídios do mundo.

Junto a esses fatores comentados, existe outro que eu considero especialmente perverso: a admiração popular que alguns assassinos seriais recebem uma vez presos, e que são mostrados mais como heróis que como criminosos frios e desalmados.

Quase nenhum assassino comum que se encontre atualmente na prisão ficou famoso por ter matado outra pessoa, a não ser que a vítima fosse alguém de renome. Porém, inclusive nesses exemplos, o tempo se encarrega de apagar sua marca. Com os assassinos seriais não acontece assim. Seus nomes e seus crimes são imortais. Fala-se deles nos meios de comunicação, livros que contam sobre suas vidas com certa admiração e grande número de fotografias é publicado, são convidados para dar entrevistas e se criam páginas na *web* sobre eles.

O paroxismo chega durante os julgamentos e a posterior estada na prisão. Não são poucos os casos em que as salas tiveram de ser esvaziadas pelos gritos de carinho e ânimo vindos das cadeiras. Admiração que continua nas cadeias por meio das cartas escritas por fãs e dirigidas aos seus ídolos. Graças à correspondência que manteve com uma de suas admiradoras, Ted Bundy chegou a contrair matrimônio antes de ser executado e ter um filho estando ainda preso.

Não quero dar a sensação de estar contra o correio carcerário. Penso que muitos presos seriam beneficiados se recebessem missivas periodicamente, mesmo que fossem de desconhecidos, para sentirem-se com ânimo para uma futura e bem-sucedida reinserção, porém com os assassinos seriais meu parecer está muito dividido e radicalmente contra quando essas cartas são, como digo, de admiração.

Por esse clamor recebido, não é de estranhar que o *Filho de Sam* afirmasse que o público o incitava a continuar com sua orgia de sangue, ao observar a tremenda repercussão que seus assassinatos haviam tido. "No final havia me convencido de que (matar) era bom, de que inclusive era necessário, e que o público queria que o fizesse. Isso eu ainda continuo acreditando. Creio que muitas pessoas me incitavam", foram suas palavras. Porque talvez não percebamos, mas com essas atitudes estamos incitando futuros assassinos seriais. Novamente Robert Ressler acertou em chcio ao assegurar que "um assassino em série é um joão-ninguém que quer ser alguém, não por meio da fama positiva, mas da infâmia". O criminólogo americano R. S. Ratner foi além e, após mostrar sua estupefação por essas condutas, alegou que estamos intensificando "a associação entre o assassino em série e o ócio juvenil", alentando sutilmente a comissão de seus atos.

A maioria dos assassinos seriais não tem a inteligência nem a cultura do dr. Hannibal Lecter.

Acham que é um exagero? Em Wichita, Kansas, deu-se o caso de um homem que começou a matar mulheres. Em uma carta enviada à polícia pediu que, por favor, o chamassem a partir daquele momento de *o estrangulador ATM*, por "atá-las, torturá-las, matá-las". Essa pessoa conhecia perfeitamente o mundo dos assassinos seriais e estava criando sua própria história baseando-se no que havia visto e lido sobre seus ídolos.

Mas a culpa não é somente de certas pessoas, é também do cinema. Filmes como *O silêncio dos inocentes* afastam da sociedade a autêntica imagem dos assassinos seriais. Nenhum deles é como o Hannibal Lecter do filme. Não são pessoas tão cultas, refinadas, nem cosmopolitas. Não se comovem pela vida dos outros nem são interessantes. São pessoas desadaptadas à sociedade, inúteis em suas ações. São assassinos frios, insensíveis, desagradáveis, cruéis, carentes de estima em relação aos seus semelhantes. Gostam de matar, humilhar, degradar, torturar. São capazes de acabar com a vida de parentes, amigos e desconhecidos, e nenhum meio de comunicação nem pessoa em particular deveria florear seus crimes ou buscar uma justificativa para eles.

O caminho secundário.
O que fazer com os assassinos seriais

A questão não é somente que se desconheçam as causas que originam a psicopatia, mas também o fato de que enfrentamos uma categoria de criminosos relativamente recente, quando faz somente duas décadas que começamos a saber algo sobre como funcionam suas mentes.

Diante deles pouco servem os estudos realizados sobre os assassinos únicos. Em seu livro de 1972, *A Sociedade Violenta*, o sociólogo americano Stuart Palmer deduziu que "os homicidas estão oprimidos. Os pobres, os analfabetos, os que carecem de oportunidades legítimas, reagem à sua opressão institucionalizada com explosões externas de agressividade". Ele acreditava sinceramente que as desigualdades, as injustiças, a pobreza e a falta de oportunidades eram a origem do crime. Seu colega Wayne Williams compartilhava essa opinião, assegurando que "a pobreza, além da desigualdade racial, proporciona um terreno fértil para a violência criminosa".

E assim acreditou-se, até que esses mesmos sociólogos começaram a se interessar pelos assassinos seriais. Então se descobriu que esses já não vinham de ambientes oprimidos, que muitos ostentavam trabalhos bem remunerados, isso quando não eram seus próprios chefes, que a tensão racial não subjazia como fator predominante em seus crimes. Os estudos elaborados sobre assassinos únicos não podiam ser aplicados a eles. Eram e são uma categoria à parte.

Por tudo isso, as políticas atuais centram-se quase que exclusivamente no que fazer quando um desses sujeitos é detido. Não podem ser internados em centros psiquiátricos porque não estão loucos, mas sabe-se que, se forem colocados em liberdade uma vez cumprida sua pena, é muito provável que reincidam. E, no entanto, não podem ser retidos. O que fazer então?

A linha mais dura advoga aplicar-lhes a pena de morte ou, em seu sentido mais atenuado, a prisão perpétua. Sem dúvida é a opção mais radical e a que, da melhor maneira, diminuiria o problema da reincidência. Nos Estados Unidos são muitos os estados que proíbem explicitamente a liberação dos assassinos em série e lhes é aplicada a pena de morte ou a prisão perpétua sem liberdade condicional. Uma informação: quando Hickey publicou o estudo comentado no capítulo

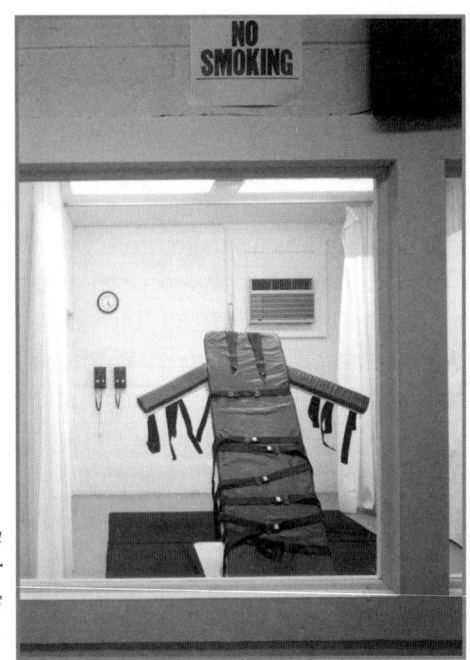

Imagem da área de convidados da sala onde é aplicada a pena por injeção letal, vigente em vários estados norte-americanos.

2, sobre os 157 assassinos seriais que lhe serviram como base, uma quinta parte foi executada, outros 14% se encontravam esperando a execução, outros poucos haviam se suicidado ou haviam sido assassinados por outro preso, e o restante havia recebido a pena de prisão perpétua.

Elliot Leyton, grande especialista em assassinos seriais e professor de antropologia na Memorial University de St. John's, afirma que em seu país natal, o Canadá, "os tribunais de justiça entendem que esses criminosos construíram sua identidade sobre a base de uma atividade homicida, sendo, portanto, uma ameaça constante para a sociedade. A maior parte dos políticos sabe que colocar em liberdade tais assassinos iria contra o sentimento de justiça popular e debilitaria irrevogavelmente suas possibilidades de reeleição".

Ainda assim, os defensores da pena capital, que a apoiam por acreditarem que servirá para dissuadir futuros assassinos, estão errados. A criminalidade não diminuiu significativamente nos estados que a aplicam e, em alguns, o número de assassinatos inclusive aumentou. Muito esclarecedor foi o estudo realizado pelas criminólogas Rosemary Gartner e Dane Archer intitulado *A Violência e o*

Anthony Alexander King, conhecido na Inglaterra como O estrangulador de Holloway. Sua prisão permitiu a liberação de Dolores Vázquez, acusada injustamente pela morte de Rocío Wanninkhoff.

Crime em uma Perspectiva Transnacional. Após recolher dados de 110 países que haviam abolido a pena de morte durante o século XX, constataram que em alguns deles o número de homicídios havia aumentado e em outros, diminuído. Demonstravam assim que a criminalidade não é afetada por existir ou não a pena de morte. Na mente humana podem mais o arrebatamento, o desejo de vingança, o poder da fantasia, ou a sensação de invulnerabilidade do que a cadeira elétrica ou a injeção letal.

O outro fator pelo qual a aplicação da pena capital deveria ser revista tem muito a ver com o sistema judiciário. Não somente com o dos Estados Unidos, mas também com o do restante do mundo, porque, em si mesmo, nenhum sistema judiciário é perfeito. Os meios de comunicação nos lembram disso continuamente, recolhendo notícias sobre pessoas que sofreram penas por delitos não cometidos. Às vezes por culpa de uma investigação mal elaborada, outras por uma prova circunstancial, às vezes por um jurado levado excessivamente por sua aversão em relação ao acusado.

Lembremo-nos do caso de Anthony Alexander King, conhecido na Espanha como Tony King. Em 2 de novembro de 1999, aparece o corpo sem vida de uma mulher nas proximidades de Marbella. Trata-se de Rocío Wanninkhoff, desaparecida na localidade malaguenha de Mijas em 9 de outubro desse mesmo ano. Por apresentar o corpo um alto grau de decomposição, pensa-se que foi assassinada no mesmo dia de seu desaparecimento. O grande problema é que não foram encontradas provas consistentes, somente indícios, mas suficientemente

Sonia Carabantes, a segunda vítima de Tony King na Espanha, após o assassinato de Rocío Wanninkhoff na localidade malaguenha de Mijas.

fortes para que se considere Dolores Vázquez, companheira sentimental da mãe de Rocío, autora do crime. A sentença é polêmica porque, como lembram vários catedráticos de Direito Penal e outros juristas, essa deve sustentar-se em provas e não em indícios. Contra Dolores Vázquez havia sido levado claramente em consideração seu caráter frio, o tom desafiador que mostrou em relação ao júri popular escolhido para a ocasião, e a raiva que o crime gerou na sociedade.

Os meios de comunicação também a consideram culpada, até que, em 14 de agosto de 2003, outro desaparecimento acontece na área. Trata-se de Sonia Carabantes, uma garota de 17 anos vista pela última vez quando voltava para sua casa após uma noite de festa com seus amigos em Coín, Málaga. Seu corpo seria encontrado sem vida a cinco quilômetros de sua casa, em uma área de floresta conhecida como El Pinar.

Durante a análise minuciosa de seu corpo, foram encontrados restos de pele humana sob suas unhas, sinal de que havia lutado com alguém antes de ser assassinada. Foi então que aconteceu a surpresa. O DNA extraído dessas células coincidia com o extraído de uma ponta de cigarro da marca Royal Crown descoberta na cena do crime de Rocío Wanninkhoff. Alguém havia estado em ambas as cenas, demonstrando à polícia espanhola que haviam se encontrado, possivelmente, diante de um assassino em série que agia na Costa do

Sol malaguenha. Todos os dados apontavam nessa direção. As duas garotas haviam morrido na época das feiras,* em cidades próximas entre si e sem sinais de estupro. Somente o modo de matar era diferente. Sonia morreu estrangulada; Rocío, degolada.

O DNA introduzido bastou para combiná-lo com outro que a Scotland Yard tinha, permitindo a identificação de um cidadão inglês residente na Espanha chamado Anthony Alexander King, mais conhecido em seu país de origem como *O Estrangulador de Holloway*. King foi detido pela Polícia Nacional e imediatamente confessou a autoria de ambos os crimes. Dolores Vázquez era inocente e teve de ser libertada imediatamente.

O que teria acontecido com Dolores Vázquez se na Espanha houvesse a pena de morte? Entre a morte de Rocío Wanninkhoff e a de Sonia Carabantes se passaram quatro anos, tempo suficiente para que tivesse sido aplicada.

Outro dado para demonstrar a imperfeição dos sistemas judiciários. Dessa vez nos Estados Unidos. Em 1992, os advogados Barry C. Scheck e Peter J. Neufeld, ambos da Faculdade de Direito Benjamin N. Cardozo de Nova York, fundaram o Projeto Inocência, encaminhado para revisar todos os casos nos quais alguém fosse condenado à morte, cadeia perpétua ou a penas superiores a 20 anos, como resultado de uma análise de indícios biológicos, estivesse ou não presente o DNA. O procedimento contemplava, e ainda o faz, a revisão minuciosa do processo, procurando discrepâncias entre os testes biológicos, análises que não foram efetuadas... Quando é detectado algo errado, pede-se a reabertura do julgamento com presença das irregularidades detectadas. Bem, nos primeiros 132 casos de exoneração conseguidos foi constatado que, em 33 deles, os acusados confessaram mediante tortura crimes que realmente não cometeram e que quase na totalidade dos demais foram a polícia e as testemunhas de acusação que forneceram dados e provas biológicas falsas nos julgamentos para resolver o caso o quanto antes.

As conclusões do Projeto Inocência foram tão vergonhosas para as autoridades que em 1º de outubro de 2003 o Congresso dos Estados Unidos aprovou a Lei de Proteção da Inocência, dentro de

---
*N.T.: Festas típicas realizadas em toda a Espanha.

Por ora, a cadeia é a única alternativa existente para proteger a sociedade de uma possível reincidência dos assassinos seriais.

um marco jurídico ainda maior chamado Avanço da Justiça, cujo objetivo é garantir que qualquer condenado que insista em sua inocência tenha o direito de passar por uma análise de DNA rigorosa e veraz.

Em contraposição à dura linha defensora da pena de morte se situam aqueles que advogam o estabelecimento de políticas e programas de reabilitação nas cadeias. É uma ideia nobre que se choca diretamente com os resultados obtidos. Porque até agora não se conseguiu inserir um só assassino ou estuprador serial. Por quê? Simplesmente porque já são velhos para aprender a sentir esse carinho que nunca demonstraram em relação aos seus semelhantes estando livres. Não se pode transformar um feroz assassino em um vizinho amável mediante reuniões de grupo, se não houver uma base sobre a qual trabalhar. Não sou eu quem diz isso, as estatísticas mostram o resultado obtido até o momento nas prisões e nas instituições psiquiátricas para onde foram levados alguns desses criminosos.

O que acontece com muitas das pessoas que defendem a integração dos assassinos seriais é que elas se deixam levar pelo bom comportamento que esses seres desenvolvem na prisão. Porém, é tudo um engano. O próprio Robert Ressler menciona em seu livro *Dentro do Monstro* (Alba Editorial, 2005) o caso de um indivíduo que foi incentivado a se reeducar na cadeia para que dirigisse suas fantasias sexuais a homens adultos. Sua resposta foi assegurar que havia passado tanto tempo excitando-se com crianças que sabia que continuaria fazendo isso sempre, tanto dentro quanto fora da cadeia.

Pois é. Se os assassinos seriais têm um bom comportamento dentro da prisão, isso se deve a três fatores básicos: a crença de que seu bom comportamento lhes ajudará a reduzir a pena imposta e, sobretudo, porque foram privados da oportunidade de dispor do tipo de vítimas que os excitava e da liberdade para atacá-las. Simples assim.

Como se fosse pouco, atualmente não existem pessoas realmente capacitadas para reprogramar a mente dos assassinos múltiplos. É verdade que foram escritos muitos livros e tratados sobre a psicopatia, mas continuam faltando especialistas centrados inteiramente nela. Os manuais psiquiátricos também não ajudam na compreensão de suas mentes, além do habitualmente repetido. Quando Edmund Emil Kemper III foi entrevistado pelo FBI na década de 1970 dentro de seu programa de entrevistas, disse que sua personalidade só seria compreendida quando o *Manual diagnóstico e estatístico dos transtornos mentais (DSM)* alcançasse sua sexta ou sétima edição. Atualmente está na quarta.

E Kemper sabia perfeitamente o que estava dizendo. Após matar seus avós, como se soube naquele momento, esse gigante de mais de dois metros foi internado em um centro psiquiátrico. Um dos responsáveis que o tratou o qualificou de "pessoa psicótica, de mente confusa e incapaz de atuar com normalidade. Tem uma ideação paranoica e está se tornando cada vez mais esquisito. Convém notar que é mais paranoico com as mulheres, salvo com sua mãe, que é a verdadeira culpada. É um psicótico e um perigo para si mesmo e para os outros". Na verdade Kemper não era um psicótico, mas um psicopata, e mesmo que sua mãe não tenha se portado muito bem com ele durante sua infância, também não foi a causadora de sua fúria homicida.

Ainda assim, esse psiquiatra foi o que mais próximo esteve de compreender o autêntico caráter de Kemper, porque na instituição seguinte por onde passou, o Tribunal de Menores da Califórnia, os

Edmund Emil Kemper III. Nenhum dos psiquiatras que o avaliaram antes de seus crimes foi capaz de diagnosticar sua alta periculosidade.

serviços médicos negaram qualquer confusão em suas ideias. Kemper não é nem esquisito nem psicótico, alegaram. No relatório especial que foi elaborado, pode-se ler que sua mente não apresenta "nenhuma fuga de ideias, nenhuma interferência mental, nenhuma expressão de falsas crenças, alucinações ou pensamentos esquisitos". Conclusões incríveis sobre alguém que, meses mais tarde, sentiria prazer em arrancar cabeças de pessoas e dormiria com os cadáveres putrefatos guardados em sua cama ou nos armários da casa.

Porém, as falhas na detecção de sua periculosidade não acabaram aqui. Com esses relatórios em mãos, Kemper foi internado no hospital psiquiátrico de Atascadero. Em sua nova residência, distinguiu-se por seu caráter dócil. Ajudava um dos médicos, chamado Vanasek, em suas tarefas cotidianas: distribuía testes entre os internos, arrumava as estantes... "Era um trabalhador excelente, característica esta não comum em um psicopata", disse o bom doutor.

Foi-lhe realizado o teste de Rorschach, as famosas manchas de tinta em papel sobre as quais o paciente deve dizer o que lhes sugere à primeira vista. Ali onde outros veem borboletas ou mares revoltos, Kemper via "dois ursos avançando um sobre o outro", "focinhos de jacaré com a boca completamente aberta", "gasolina incendiada ao longe, uma fumaça preta que subia ao céu e era refletida na água", "um alçapão com uma aranha ao fundo, esperando um inseto no buraco". Somente então o examinador o qualificou de "emocionalmente um tanto imaturo e volátil. Em linhas gerais, mostra uma moderada depressão acompanhada de uma ansiedade generalizada. Advertem-se mostras de uma importante hostilidade latente". De resto, nada grave para ele, que aprovou o reencontro com sua mãe. "Não vejo nenhum motivo psiquiátrico para considerá-lo um perigo para si mesmo nem para nenhum membro da sociedade. Seu modo de dirigir motos e carros seria mais uma ameaça para sua própria vida e saúde do que para qualquer outra pessoa", dessa maneira terminava o relatório.

Somente quando foi preso em 1973, por ter matado 11 pessoas, as quais foram decapitadas e esquartejadas, o novo psiquiatra que o examinou o qualificou de "maníaco sexual, certamente em maior grau que qualquer outra pessoa que eu já tenha visto em meu trabalho com

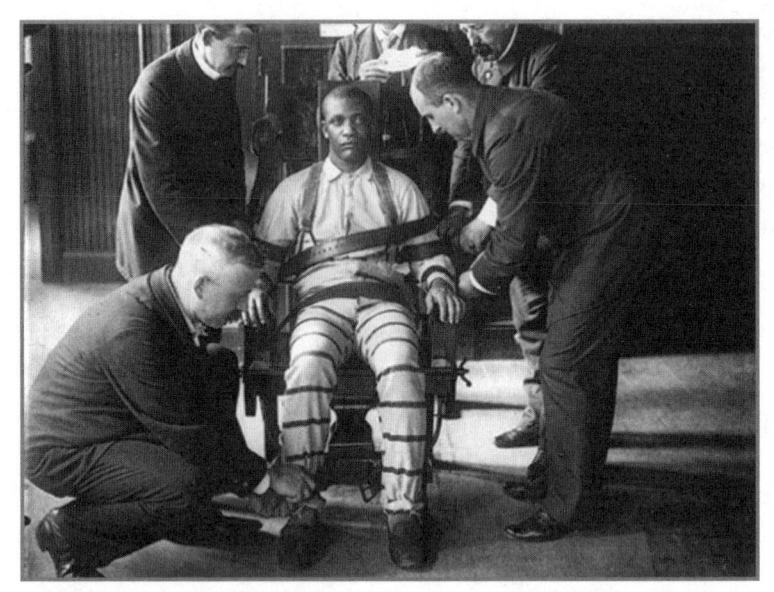

Réu a ponto de ser executado na cadeira elétrica. A pena de morte não conseguiu diminuir o número de assassinos seriais nos países onde continua vigente.

problemas sexuais e criminosos nos últimos 20 anos". A mudança de percepção entre ambos os psiquiatras deveu-se mais aos assassinatos cometidos que à nova entrevista realizada com o próprio Kemper, capaz de continuar enganando seus interlocutores.

Além disso, mesmo que existissem políticas de reinserção eficazes e material psiquiátrico competente, será que os psicopatas iriam querer participar sinceramente desses programas? E como saberíamos que funcionou antes que fossem postos em liberdade? O problema é complexo de todos os ângulos, e, talvez por todas as razões explicadas, os especialistas capacitados para falar sobre o tema, como o tão mencionado Robert Ressler, acreditam que a prisão é atualmente a única alternativa possível para evitar que voltem a matar (*Dentro do Monstro*):

> Não existe nenhuma possibilidade de reabilitá-los porque suas fantasias não podem ser apagadas nem alteradas. Pelo geral, disso se entende que o único caminho é tirá-los definitivamente da sociedade e trancá-los na cadeia ou em uma instituição psiquiátrica segura, sem perspectivas de reabilitação ou de obter a liberdade incondicional.

As Vítimas

5

VÍTIMAS

As grandes esquecidas

"Todos somos humanos, mas os inocentes merecem mais que os culpados", essa é uma das frases maravilhosas que aparecem no livro *Caçadores de Humanos* (Alba Editorial, 2005) do professor de Antropologia da Memorial University de St. John's, Elliott Leyton. E estou plenamente de acordo com ela.

Historicamente, as vítimas foram consideradas essa parte inerente ao mundo do crime com quem ninguém se preocupava por pensar que os esforços deveriam se concentrar exclusivamente em combater os criminosos. As estatísticas sobre assassinos seriais anteriores aos anos 1990 estão cheias de cifras relativas ao número de mortes que deixaram para trás, porém apenas nos deparamos com nomes associados a elas. Porque de suas vítimas nada se dizia. Na maior parte procediam dos Estados Unidos, já que tem sido o país que com maior força e constância se centrou no estudo do assassino serial. Também é o que vem sofrendo com isso em maior incidência.

Nas recriações televisivas que são feitas em diversas cadeias dos assassinatos mais horripilantes da América do Norte, os protagonistas absolutos são sempre os criminosos. As vítimas passam a um terceiro plano e parecem ser mais um produto de acessório do que a parte em que realmente a história deve se basear. Portanto não é estranho, como dizíamos no final do capítulo anterior, florear os criminosos até apresentá-los como modelos de conduta juvenil, como rebeldes diante de uma sociedade que queria impor-lhes suas regras. O que mais eles queriam!

"Nos Estados Unidos, os assassinos são mais valorizados e certamente mais admirados que suas vítimas", escreveu Clancy Sigal. Totalmente verdadeiro. O século XX começou nesse país com um presidente, Theodor Roosevelt, aconselhando seus compatriotas a "carregar sempre um bom pedaço de pau" e terminou com heróis cinematográficos mais próximos ao mundo paramilitar que ao policial. E, enquanto isso, onde ficam as vítimas? Esquecidas, é claro.

Na Espanha, vivemos uma situação similar com o terrorismo do ETA. Durante anos, a atenção se focalizou exclusivamente nos membros do grupo e raramente se falava de suas vítimas. Óbvio que seus nomes eram mencionados nos telejornais e nos jornais, porém sua memória se perdia no dia seguinte, com o próximo atentado. Reconhecer as vítimas não é somente mencioná-las. Também é cuidar delas, estudar seu desenvolvimento como pessoas, uma vez que foram agredidas pela violência, lembrar-se delas periodicamente. A história não deveria ser medida pelo lado da violência, mas a partir das consequências dessa violência. Não deveria dizer-se que Ted Bundy assassinou 22 mulheres, mas que 22 mulheres foram assassinadas por um criminoso furioso e antissocial como era Ted Bundy.

A primeira obra que realmente tratou com profundidade do mundo das vítimas foi *The Criminal and His Victim* (1948). Seu autor, Von Hentig, pretendia com aquelas páginas dar à criminalística tradicional uma visão mais ampla graças ao tratamento dos dois elementos intrínsecos ao "par criminoso": o criminoso e sua vítima. Rompia-se assim a tendência iniciada pelo criminólogo e médico italiano Cesare Lombroso com seu livro *O Homem Delinquente* (1889), no qual unicamente o criminoso parecia ser objeto de estudo por parte dos profissionais.

A proposta de Von Hentig foi bem recebida no âmbito acadêmico, porém não massivamente seguida. Temos de pensar que até então poucos ou nenhum estudo existia sobre o mundo vitimário, pelo que também não era fácil prosseguir com uma senda recém-aberta, mas alguns tentaram, e pouco a pouco os investigadores dividiram esforços em seu estudo. Fruto disso foi o simpósio sobre o tema realizado em

Von Hentig, criminólogo e primeiro estudioso do fenômeno das vítimas nas agressões de que tratou em sua obra de 1948, The Criminal and His Victim.

Jerusalém em 1973, em que se concretizou a definição de vitimologia como a ciência multidisciplinar que se ocupa do conhecimento relativo aos processos de vitimização e desvitimização. Dito de modo mais claro, do conhecimento do modo como uma pessoa se torna uma vítima, das diversas dimensões da vitimização e das estratégias de prevenção e redução da mesma, assim como do conjunto de respostas sociais, jurídicas e assistenciais, tendentes à reparação e à reintegração social da vítima. Ou, ainda mais claramente, a vitimologia se ocupa das vítimas de atos delitivos.

O mais interessante desse campo de estudo é que suas conclusões são universais, já que todos os que neste instante estão lendo estas linhas foram vítimas em alguma ocasião, seja de um roubo, de uma agressão física ou verbal, de um atropelamento ou de qualquer outra manifestação criminosa. E, se considerarem que não podem ser tachados de vítimas, basta ler os estatutos da Sociedade Espanhola de Vitimologia para confirmá-lo: "Entende-se principalmente por vítima, para os efeitos da delimitação das atividades da sociedade, toda pessoa que tenha sofrido pessoalmente, de modo direto ou indireto, as consequências de um ato delitivo, tenha sido declarada formalmente ou não como tal a existência do mesmo por parte de um órgão jurisdicional. Em um sentido mais amplo, também são consideradas vítimas as pessoas que tenham sofrido os efeitos da guerra, enfrentamento armado, catástrofe natural ou acidente".

O que a sociedade está nos dizendo é que, para ser considerada vítima, o único requisito imprescindível é ter sofrido direta ou indiretamente as consequências de um delito, sem importar qual seja e sem a obrigação de que haja uma sentença judicial que assim o reconheça. A ideia que subjaz de fundo nessa definição é conseguir que as instituições não somente empenhem sua força em preocupar-se com o delinquente, mas que também o façam com suas vítimas.

Referindo-nos a nosso país, nas últimas décadas as cadeias espanholas passaram por grandes melhorias. Os presos dispõem de celas com espaço, televisão própria, a comida cumpre com os controles sanitários, existem oficinas de formação, há serviços de bibliotecas, os trabalhos forçados estão abolidos. Conquistas de acordo com um Estado Social, porém, a matéria pendente continua sendo as vítimas daqueles que estão trancafiados. Porque nem todas têm tratamentos psicológicos pagos pela administração, como têm os presos; porque nem sempre seu direito à privacidade é respeitado, como acontece com os presos, e por outras várias questões semelhantes.

Não quero dizer que os presos devam ter seus direitos diminuídos, senão que os das vítimas devem ser aumentados, algo que até hoje só aconteceu timidamente nas últimas décadas, com reconhecimentos, homenagens e a aprovação de pagamentos estatais. E isso somente com as vítimas do terrorismo e com as da Guerra Civil. Perfeito, mas o que acontece com as vítimas de estupro, com as mães e com os pais de filhos assassinados, com os filhos de pais assassinados, com aqueles parentes de desaparecidos? Por acaso eles não têm o mesmo direito de reconhecimento público? Por acaso sua dor é menor que a do restante? É claro que não. O que falta é coragem para atacar essa questão e sanar uma injustiça histórica.

Com este capítulo e com o próximo pretendo nos aproximarmos um pouco do mundo vitimário, para compreender o sofrimento dessas pessoas diante dos ataques de assassinos ou estupradores seriais e humanizar, mesmo que seja em algumas poucas linhas, todos os relatos de horror que tenho descoberto até hoje.

Tipos de vítimas

Como em todos os âmbitos da vida, no da vitimologia também existem diversas classificações que ajudam a compreender melhor os seus fundamentos. A primeira e mais importante é a seguinte:

- *Vítimas diretas*: são pessoas que sofreram o ato delitivo.
- *Vítimas indiretas*: são aquelas que, sem terem sofrido o delito ou acontecimento traumático de modo imediato, padecem pessoalmente as consequências que o mesmo teve em uma pessoa chegada.

Como fenômeno social que é, uma agressão não somente gera consequências na pessoa que a sofre diretamente, mas também ao seu redor e na sociedade em última instância.

Continuando esse esquema, os desaparecidos durante a ditadura argentina deveriam ser considerados vítimas diretas, e as mães que ainda continuam se manifestando na Plaza de Mayo, vítimas indiretas. A dificuldade está em delimitar o alcance das vítimas indiretas: envolve exclusivamente os ascendentes e descendentes da vítima direta ou afeta a família de outros graus de parentesco? Somente podem ser consideradas vítimas a família ou também os amigos? Esse é o dilema pelo qual as administrações públicas tentam não tocar no tema das vítimas. Até onde devem chegar as compensações econômicas e institucionais? Uma segunda classificação é a que distingue entre:

- *Vitimização primária*: é o processo pelo qual uma pessoa sofre direta ou indiretamente danos físicos ou psíquicos derivados de um ato delitivo ou acontecimento traumático. Em um assalto com arma branca, esses danos são os possíveis cortes e feridas que a pessoa assaltada possa receber, mais o medo e o trauma que o episódio gere em sua mente.
- *Vitimização secundária*: abrange o conjunto de custos pessoais que existe para a vítima do ato delitivo intervir em um processo penal em que o episódio vivido seja levado a juízo. Aqui entra a dor que supõe reviver o acontecido nos interrogatórios policiais e nos próprios do julgamento posterior, a submissão a explorações médicas, o contato com o agressor na sala penal, relembrar constantemente a vivência graças aos meios de comunicação, a possível incompreensão que possa chegar a partir de diversos âmbitos...

Certamente não é nada agradável passar por essas situações. Os julgamentos são momentos especialmente duros, porque a vítima deve relembrar o horror sofrido com todos os detalhes. A situação se agrava pela lentidão da Justiça. Se o julgamento acontecesse logo após a prisão do acusado, não se imporia tanta dor como quando esse se desenvolve anos após o episódio. Então a vítima, que talvez ainda continue fazendo terapia para superar as cicatrizes psicológicas do trauma originado, deve relembrar os fatos e enfrentar seus fantasmas em um momento em que luta precisamente para erradicá-los de sua mente.

Como se fosse pouco, nesse julgamento o advogado de defesa do acusado coloca em dúvida partes de sua declaração, aumentando um sentimento de incompreensão e injustiça que provavelmente a vítima terá de passar por muito tempo. Enquanto escrevo estas linhas, os meios de comunicação falam do casal

*Mesmo que absolutamente necessários, os julgamentos implicam
o prolongamento do sofrimento para quase
todas as vítimas de delitos violentos.*

Juan Ramírez e Roser Reverté. Em 22 de julho de 2008, seu filho David foi atropelado mortalmente por um caminhão na N-340, perto da localidade familiar de Alcanar, na Catalunha. No julgamento que aconteceu por essa morte, a juíza absolveu o caminhoneiro por considerar que foi a vítima quem "irrompeu na pista sem fazê-lo pelo lugar correto para isso e sem usar a roupa refletora".

Esgotada a via penal, a família pensou agir pela via civil, já que o próprio caminhoneiro reconheceu que, após o atropelamento, avisou primeiro seu chefe para contar-lhe o acontecido e que só minutos mais tarde, fala-se de até 20, avisou o serviço de resgate. Como se não bastasse, o irmão da vítima, que esperava um tratamento com células-tronco que somente o morto podia doar-lhe, morreu seis meses depois justamente vítima da doença que o assolava.

Um episódio terrível que a família teve de relembrar no julgamento e que agora se agravou após receber uma carta enviada pela empresa proprietária do caminhão, na qual pedem 4.700 euros de indenização pelos danos que o veículo sofreu no atropelamento. A empresa se baseia na sentença que exime o chofer do caminhão de toda a responsabilidade penal pelo atropelamento.

Sem indagar sobre a licitude ou ilicitude dessa reclamação – a moralidade é outra questão –, é óbvio que a família foi duplamente golpeada por uma tragédia que parece não ter fim e que agora retorna ao âmbito judicial.

- *Vitimização terciária:* é formada pelo conjunto de custos que a penalidade gera sobre o interno ou sobre terceiros. A visão se centra exclusivamente no réu quando este é preso e fala da ansiedade que sua prisão gera, do impacto que este produz na família que dependia economicamente dele ou da rejeição social ao qual são submetidos, dos possíveis filhos menores que ficam sem um pai...

Vimos que o mundo das vítimas é muito mais amplo que o tradicionalmente percebido. Um crime não afeta exclusivamente o agressor e sua "presa", também atinge a família e os amigos de cada um deles. Sempre tendemos a pensar na dor que devem sentir os pais de alguém que tenha sido assassinado, mas e os pais do agressor? Também não deve ser fácil viver com um filho na prisão condenado por assassinato.

Porém, as consequências não acabam aqui. Os danos produzidos pelo delito se perpetuam no tempo e aumentam da mesma forma que quando lançamos uma pedra na água. A primeira coisa que vemos é a água salpicando saindo da zona do impacto e, logo em seguida, círculos concêntricos, cada um mais amplo que o anterior. Esse movimento inicial é a primeira agressão, e cada círculo concêntrico, o modo como essa agressão afeta o entorno do par criminoso. O primeiro círculo é a vítima propriamente dita, o segundo as famílias dos protagonistas, o terceiro os amigos, o quarto os conhecidos... Assim, até chegar ao último que poderia ser a sociedade, porque o crime afeta a todos de uma maneira ou de outra.

No capítulo anterior, falamos sobre a cultura da violência, mas junto com ela existe outra mais desconhecida e que não é senão sua consequência direta: a cultura do medo. Temos medo de andar por algumas áreas de nossas cidades, medo de olhar nos olhos de determinadas pessoas, medo de voltar para casa à noite, medo de sermos roubados durante o sono. Um medo fruto precisamente da violência que vemos à nossa volta ou da que é mostrada pelos meios de comunicação. Por isso assusta que tenham sido os criminosos que tenham tido quase toda a atenção até muito recentemente.

Para sanar essa dívida histórica, na medida do possível, a Assembleia Geral das Nações Unidas aprovou, em 1985, a Declaração dos direitos das vítimas de crime e de abuso de poder. Eis aqui alguns deles:

- *O direito à informação*: toda vítima tem direito de ser informada por parte dos serviços públicos a respeito do processo penal e dos recursos e prestações a que tem direito. Os juristas sabem perfeitamente que a informação é poder e não desejam que as vítimas fiquem desamparadas em seu caminho em busca da justiça.
- *O direito à proteção*: é obrigação das instituições e dos órgãos competentes adotarem medidas dirigidas a minimizar o impacto que o processo judicial e policial exercerá sobre a vítima. Esse direito inclui velar por sua segurança em caso de ameaças ou represálias futuras por parte do entorno do acusado.
- *O direito de participação*: a vítima tem a faculdade de ser ouvida em determinados casos e de utilizar os caminhos disponíveis em Direito para fazer efetivas suas reclamações. O que se tenta fazer é que a vítima se sinta compreendida, que não se veja como um sujeito excluído ou distante das instituições criadas precisamente para seu cuidado.
- *O direito à assistência*: após uma agressão, as pessoas que a sofreram têm o direito de receber assistência médica, psicológica e, se necessário, psiquiátrica. Aqui entram programas de apoio social canalizados por empresas públicas ou privadas e aqueles criados por organizações não governamentais. Porém, a assistência não é exclusivamente médica, também é jurídica. O único ponto discordante é sobre quando termina o direito de usufruir dessas coberturas. Somente quando sofrida a agressão ou até que a pessoa se sinta recuperada e totalmente reintegrada à sociedade?
- *O direito à reparação*: com certeza o ponto mais problemático de todos, porque como o dano sofrido pode ser devolvido?

Onde está o ponto de ressarcimento? Nesse momento esse direito contempla a reparação do dano causado e a compensação econômica derivada da responsabilidade civil do acusado ou das pessoas ao seu cuidado. Em uma tentativa de responder a essas perguntas, a Justiça também contempla a imposição de medidas encaminhadas para conseguir a satisfação moral do prejudicado.

A dor das vítimas

Após essa breve introdução para compreender algo do mundo no qual vivem as vítimas de agressões em geral e as que são atacadas por assassinos seriais em particular, vamos nos concentrar nas consequências de um ataque sexual em uma mulher e nas sequelas psicológicas que lhe provocam.

Escolho a agressão sexual por ser a majoritária no campo dos assassinos seriais, como já vem se comentando, e porque as sequelas que perduram em suas vítimas são mais sérias do que nas vítimas de outros crimes. Sequelas como o estresse, a desconfiança em relação a desconhecidos ou o sentimento de humilhação. Acredito que esse será um bom exercício para compreender os sentimentos das vítimas, para eliminar totalmente a imagem dos assassinos seriais como heróis e para humanizar e personalizar um pouco mais os relatos que temos lido nesse livro até o momento presente.

Uma agressão sexual, seja com violência física ou simplesmente com coação, é um episódio vivido pela vítima como um atentado, não contra seu sexo, mas contra sua integridade física e psicológica. A mulher que sofre esse tipo de agressão se sente traída, humilhada. A segurança que antes tinha desaparece e o mundo já não lhe parece um lugar agradável, mas sim hostil.

O grau de violência física ou psíquica que o agressor tenha infligido sobre ela definirá o maior ou menor grau de sofrimento que essa pessoa sinta e também o tempo que levará para recuperar a confiança. Não é o mesmo uma agressão sexual na qual tenha havido penetração que outra em que não tenha acontecido, e também é diferente uma agressão na qual a vítima tenha sido agredida fisicamente de uma em que isso não tenha acontecido. Geralmente as agressões desse tipo vêm acompanhadas de violência física e apenas as excepcionalmente bem planejadas não a incluem.

Quando um agressor ataca sua vítima, o instinto de sobrevivência desta a faz atacar o atacante, e se debater em uma tentativa de escapar. Os assassinos e estupradores seriais sabem perfeitamente disso, e esse é o motivo pelo qual pensam mil coisas para conseguir a submissão da vítima. O que os excita não é que a pessoa resista, mas sim controlá-la para cumprir sua fantasia tal e como esta se apresenta em suas mentes. Ainda assim, as vítimas quase sempre têm um resquício para a luta e nela o mais comum é que lhe sejam infligidas feridas qualificadas como defensivas nos braços, na parte superior das coxas, ambos os lados do quadril. Ao lado dessas aparecem outras produzidas para calar os gritos, arranhões na boca, no pescoço, no nariz... O restante das lesões acontece pela conduta sádica do agressor: marcas de chicotes, queimaduras, amputações, cortes...

Pelo contrário, outro tipo de vítimas responde à agressão com passividade. Ambos os casos, defesa e passividade, são reações instintivas que o corpo libera diante de uma situação perigosa. Excetuando as distâncias, o mesmo acontece quando observamos um carro que está a ponto de nos atropelar. Algumas pessoas tendem a afastar-se e outras ficam imóveis. Essa passividade não deve ser entendida como resignação, já que o que o corpo tenta é provocar que seja o agente do perigo quem desista de sua atitude enviando-lhe uma mensagem muito clara: não sou sua vítima.

Ninguém sabe qual dessas duas reações terá diante de uma situação como as descritas, podendo alternar-se uma ou outra dependendo do perigo que nos cerque. Como digo, movemo-nos no campo dos instintos.

Além das feridas físicas, as vítimas de agressões sexuais sofrem outras mais profundas e duradouras que afetam seu equilíbrio emocional.

Em curto prazo tendem a ser habituais as queixas físicas sem fundamento, alterações do sono, desânimo, ansiedade, tendência ao isolamento. A pessoa se sente deslocada e o mundo ao seu redor desmorona. A mente não foi ainda capaz de processar o ocorrido e continua havendo uma dificuldade em retomar à vida que se levava antes da agressão.

Toda agressão provoca consequências na vítima, com mais intensidade quanto maior for sua vulnerabilidade psicológica.

Em médio prazo, esses sintomas descritos resultam em depressão e na perda da autoestima. A vítima tem cada vez mais dificuldades para se relacionar socialmente, perde o gosto por coisas que antes a motivavam e surgem medos inexistentes até então ou os já existentes se agravam, como medo do escuro, da solidão, da visita de desconhecidos... Tudo dependerá das circunstâncias em que a agressão ocorreu. Se essa aconteceu em um portão, haverá aversão em relação a ele, e o mesmo se ocorreu durante a noite, em uma área descampada... Sua vida cotidiana continua, porém com limitações como as descritas. Além do mais, sua resposta diante de situações de perigo é exagerada e as noites tendem a ser experiências negativas, com pesadelos recorrentes e dificuldade em conciliar o sono.

Em longo prazo, o que predomina é a irritabilidade, a desconfiança, as disfunções sexuais... A capacidade de aproveitar a vida vai diminuindo e isso leva a tensões familiares e de amizade. A vítima se recusa a participar de situações potencialmente atrativas, como um jantar fora de casa, uma viagem ou uma noite de teatro.

O grau de intensidade dessas consequências depende muito da fortaleza psicológica que a vítima apresentava antes de ser agredida. Os psicólogos e psiquiatras sempre tendem a avaliar a intensidade dos sintomas nos primeiros dias após a agressão, já que isso permitirá predizer em boa medida como a pessoa vai responder às terapias futuras e qual será a gravidade do problema em longo prazo. E não somente depende da fortaleza psicológica, mas também da idade. A maioria das vítimas de agressões sexuais tem entre 16 e 30 anos. Em geral, quanto mais nova for, maior será a reação psicológica. Especialmente crítica na faixa dos 16 aos 22 anos, porque é o período em que a pessoa começa a ter suas primeiras relações afetivas e sexuais.

Outros fatores a ser levados em conta são a cultura sexual recebida e sua experiência nesse assunto, o possível grau de parentesco entre a vítima e seu agressor, a reação da família...

Uma constante em todas as vítimas, seja qual for sua idade e formação, é o surgimento de sentimentos de culpa. A vítima pode sentir culpa por sua atitude antes da agressão – por não ter detectado o perigo, por ter se colocado em risco desnecessariamente –, durante a agressão – pelo que poderia ter feito para resistir e não fez –, e depois da agressão – por amargurar a vida de sua família, não ser a mesma de antes, mesmo que queira...

Como se tudo isso fosse pouco, deve enfrentar os preconceitos sociais, com frases como "uma mulher não pode ser violentada se não quiser" e a crueldade machista, "com certeza ela gostou", "não é tão grave assim", "procurou, achou". Vem-me à memória a sentença daquele juiz que exonerou um estuprador, alegando que, ao ter a vítima as calças abaixadas, ficava evidente que tinha havido consentimento prévio já que, de acordo com ele, o agressor não poderia ter lhe abaixado o *jeans* sem a ajuda da mulher.

Esse tipo de sentença ou esse modo de entender a Justiça, como se prefira ver, são realmente prejudiciais porque geram uma desconfiança tremenda nas vítimas e uma legitimação para que os criminosos continuem agindo. E se relacionam perfeitamente com a chamada vitimização secundária ou relação que a vítima estabelece com o sistema jurídico penal na tentativa de conseguir o ressarcimento dos danos causados.

Durante um julgamento, a vítima deve enfrentar uma reedição daquele instante que tanta dor lhe causou. Deve repetir como viveu a agressão com detalhes, deve suportar as perguntas insidiosas e a falta de tato dos advogados, contemplar mais uma vez seu agressor,

Como fator social que é, a violência afeta pessoas de todas as esferas sociais e de todas as idades.

aguentar as mentiras que este possa contar em sua defesa, submeter-se a explorações médicas solicitadas por ambas as partes, responder questões sobre seu modo de vida e outros aspectos incrivelmente íntimos que, em circunstâncias normais, não diria a ninguém... Novamente é a fortaleza psicológica da vítima que motivará ou não que recaia em condutas estressantes que acreditava já superadas.

Pessoalmente acredito que poderia se fazer muito mais para reduzir o impacto dessas situações, como a impossibilidade de que a vítima e o acusado se vejam durante o julgamento, a coordenação entre defesa e acusação para evitar testemunhos e declarações repetitivas, exames médicos únicos, sensibilidade no momento de formular determinadas perguntas... Não digo que não se estejam dando passos nesse caminho, mas ainda nos falta muito e será uma tarefa dos profissionais da judicatura acelerar essa transformação para uma maior humanização da Justiça.

6

O Significado da Vítima para o Assassino

O sentido do sem sentido

De acordo com uma estatística publicada nos Estados Unidos em 2005, os homens negros tinham 1/21 probabilidades de ser vítimas de homicídio nesse país, as mulheres negras 1/104, os homens brancos 1/131 e as mulheres brancas 1/369. Isso em relação aos homicídios; no que se refere à probabilidade de ser vítimas de um assassino serial, os resultados mudam radicalmente e são as mulheres brancas que ocupam o primeiro lugar na lista, e os homens negros, o último. Já dissemos que os assassinos seriais são uma categoria à parte e que sobre eles não valem os estudos efetuados sobre assassinos únicos.

Comumente, esses criminosos preferem centrar-se em um tipo muito específico de vítima. Não há uma categoria comum. Às vezes são prostitutas, outras adolescentes, outras estudantes, mulheres maduras, crianças, garotos... O inconveniente chega caso se acredite que essa é uma norma imutável. Se isso acontecer, pode ser que a polícia não seja capaz de relacionar vários assassinatos entre si, simplesmente porque as vítimas procedem de categorias sociais diferentes e sua raça não é a mesma.

Nos Estados Unidos aconteceu com os franco-atiradores de Washington, que conseguiram despistar a polícia sobre seu número real e raça, mesmo que os crimes tivessem sido rapidamente ligados porque correspondiam a um mesmo *modus operandi*. No entanto, na Espanha, houve um caso que despistou as forças de ordem completamente desde o início, o que gerou um atraso fatal na investigação, já que, quanto mais tempo o assassino serial fica livre, mais aumenta sua lista de vítimas.

É noite em Madri. A cidade termina sua jornada diária e, pouco a pouco, as ruas vão ficando vazias. De repente se ouve um tiro na Rua Alonso Cano. Um homem foi baleado. Trata-se do porteiro Juan Francisco Ledesma, morto por uma bala disparada contra sua cabeça. A polícia tem poucas pistas para trabalhar porque não há digitais na cena. O filho pequeno do morto foi testemunha da agressão, mas é incapaz de facilitar uma descrição do assassino. A polícia trabalha com várias hipóteses, tentativa de roubo, ajuste de contas, vingança... Os jornais falam da notícia, mas nesses primeiros instantes é impensável que alguém fale de um assassino serial atuando em Madri. A capital não é uma cidade excessivamente perigosa, mas também não é alheia ao homicídio.

Duas semanas depois do incidente, em 5 de fevereiro, Juan Carlos Martín Estacio morre entre 4 e 5 horas com um tiro na cabeça em um ponto de ônibus da Alameda de Osuna. A polícia restringe a área e, rastreando a cena, encontra uma carta do baralho espanhol, o ás de copas. Os investigadores acreditam que o assassino pode tê-la deixado – *assinatura* –, mas realmente esta se encontrava ali sem querer.

No mesmo dia, outra ligação alerta sobre um tiroteio ocorrido às 16h30 no bar Rojas, em Alcalá de Henares. Há três corpos sem vida. A dona do local, seu filho e uma cliente. A última recebeu um tiro na cabeça enquanto falava ao telefone.

Os detetives continuam a não relacionar as cinco mortes entre si. As vítimas são pessoas de físicos muito diferentes, com idades e sexos diferentes, e os locais onde seus corpos apareceram são diferentes. A única coisa que os une é terem morrido por tiros. Além disso, que assassino em série age duas vezes no mesmo dia e em locais tão distantes entre si?

O enigma começa a se esclarecer em 7 de março, quando um homem ataca um casal de equatorianos na localidade de Três Cantos. Eles se salvam, mas na cena aparece uma carta, o dois de copas.

Essa carta permite que a polícia relacione o assalto com a morte de Juan Carlos Martín Estacio, mas não com o resto das vítimas, já que nesses locais não apareceu nenhum naipe. Além disso, o fato de que seja um dois de copas indica claramente que o agressor só agiu duas vezes. Isso é o que pensam, porém estão errados. Como mais tarde explicaria o assassino, em sua mente jamais esteve a ideia de depositar cartas junto aos corpos. Isso surgiu porque os jornais informaram sobre o aparecimento de um ás de copas junto à segunda de suas vítimas e ele achou a brincadeira divertida.

No que não erram é na necessidade de agir com rapidez. Um dois de copas indica que existirá um três e um quatro e um cinco...

Efetivamente, onze dias depois o casal romeno George e Donia Magda é baleado e assassinado em Arganda del Rey. Junto aos corpos, um três de copas. A polícia vai unindo os pontos e a teoria de um assassino xenófobo vai ganhando forma. É então que acontece um importante avanço. Os testes de balística demonstram que todos esses crimes foram efetuados com uma pistola Tokarev. Ainda assim, os investigadores continuam resistindo à hipótese de um assassino serial e comentam a possibilidade de que a pistola seja utilizada por vários assassinos diferentes. Quando todos esperam um próximo assassinato, um jovem de 25 anos de idade entra na delegacia da Polícia Local de Puertollano e confessa ser o autor das agressões.

Quem é esse personagem? Seu nome é Alfredo Galán, natural de Puertollano e antigo militar do Exército espanhol, ex-veterano da Bósnia e atual vigilante. Seu histórico compreende numerosos episódios de violência e desordens psíquicas que motivaram recentemente sua expulsão do Exército e a denegação de entrada na Guarda Civil. Isso quer dizer que Galán esteja louco? De forma alguma. No interrogatório posterior, o preso diz frases como "matava por matar", "penso e acabou... Estou sentado na frente da TV, penso e...". Seus atos não falam de uma pessoa psicótica, mas de alguém organizado. Seu *modus operandi* consiste em dirigir seu carro até uma área previamente escolhida. Ali procura uma vítima vulnerável, então a escolhe, estaciona o carro, desce e atira na cabeça. Não se certifica de que tenha morrido ou não, simplesmente atira.

Alfredo Galán, o Assassino do baralho. *Seus crimes surpreenderam pela escolha aleatória de suas vítimas.*

Seus assassinatos não têm sadismo, tampouco há intenção de lucro. Galán só mata pelo prazer de experimentar o controle sobre a vida dos outros, sobre sua vida e sobre a atuação da polícia, que nunca foi capaz de inquietá-lo. Por que se entregou então? O professor Vicente Garrido, que seguiu exaustivamente todo o processo, apresenta duas teorias.

A primeira, porque sem a entrega não haveria reconhecimento público de seus atos. Os jornais só falariam do *Assassino do baralho*, mas nada mais se sabia sobre o criminoso. A segunda teoria diz que Galán se encontrava mentalmente cansado. A polícia já havia relacionado todos os crimes por meio da arma empregada e era somente uma questão de tempo para que fosse capturado.

Galán é por tudo isso a perfeita antítese à regra anteriormente descrita de que os assassinos seriais buscam suas vítimas entre um grupo muito concreto. Kemper sonhava em matar "meninas dondocas" porque, como comentou, "não me interessavam as pequenas *hippies* esfarrapadas e sujas. Isso teria sido fácil. Eu destruía unicamente as garotas mais deliciosas da sociedade". Christopher Wilder, o falso fotógrafo, gostava de espreitar as que tivessem pinta de modelos ou famosas, e Ted Bundy, mulheres que se aproximassem à imagem que ele tinha da classe alta. "Não tinham de ter necessariamente

Os assassinos seriais tendem a buscar suas vítimas entre as classes mais vulneráveis, quase sempre mulheres e, com frequência, saídas do mundo da prostituição.

estereótipos, mas sim características razoáveis da mulher como classe. Não uma classe de mulher *per se*, mas uma classe que quase foi criada mediante a mitologia da mulher e do modo como são utilizadas como objetos. Os critérios se baseariam nos padrões da mulher atraente aceitos pelo grupo", foi sua explicação.

O que esses indivíduos conseguem com tirar a individualidade de uma pessoa e enquadrá-la em um grupo é desumanizá-la, vê-la como um objeto carente de sentimentos. Eles matam um reflexo, um mito, não uma pessoa em toda a sua dimensão. Como bem aponta Robert Ressler, com certa truculência, os médicos forenses costumam se assustar com a precisão com que o assassino disseca ou desmembra seus cadáveres. Tanto se surpreendem que chegam a se perguntar se eles cursaram Medicina ou Anatomia humana. A resposta é mais simples. Os assassinos seriais são tão bons nessas coisas porque não têm a sensação de estarem desmembrando um corpo humano. A indiferença que os domina é tanta que, nessas situações, daria o mesmo cortar um braço, um bolo ou um pedaço de pão.

Em outras ocasiões as vítimas escolhidas não correspondem às razões de gosto pessoal, mas sim de oportunidade. Nesse sentido, são as prostitutas as mais vulneráveis. As vantagens que apresentam para os assassinos seriais são sua imagem puramente carnal, a facilidade com a qual entram em contato com desconhecidos, os lugares solitários que frequentam, o grande número de homens com os quais trabalham e as poucas reclamações que existem quando uma delas desaparece.

De certo, a escassez de denúncias por ataques sexuais afeta quase todas as mulheres. Atualmente está em torno de 20% a 40% do total das agressões sexuais, dando carta branca aos seus autores e deixando-os seguir com suas vidas normalmente. A cifra é ainda mais assustadora quando se constata que de 15% a 20% das mulheres sofreram ao menos uma agressão sexual ao longo da vida. Por que não se fazem mais denúncias? De acordo com as próprias agredidas, por medo da vergonha pública, pela pouca confiança na Justiça, pelo desejo de voltar à vida cotidiana o quanto antes, por medo de não ser levada a sério ou da possível vingança do agressor.

VERDADES E MENTIRAS SOBRE AS AGRESSÕES SEXUAIS	
FALSO	VERDADEIRO
– As pessoas são estupradas normalmente por pessoas desconhecidas. – Os meios de comunicação exageram sobre a frequência das agressões. – As agressões costumam acontecer em locais escuros e descampados. – As agressões sexuais são um produto de bairros marginais e da classe baixa. – Os agressores sexuais se delatam por seu aspecto ou conduta.	– Na metade das agressões, a vítima conhece seu agressor. – Somente de dois a quatro de cada dez agressões são denunciadas. – A maioria dos ataques acontece em locais onde a vítima desenvolve a sua vida. – As agressões sexuais afetam mulheres de qualquer idade e classe social. – Os agressores sexuais podem ser pessoas "respeitáveis" da sociedade.

A chave está na prevenção

Não gostaria que tivessem a impressão de que os assassinos seriais são seres invencíveis, de que quando escolhem uma vítima esta já não tem escapatória. Isso é o que nos faz acreditar o cinema com filmes como *Seven* ou *O Colecionador de Ossos*. A verdade discorre

Cena do filme Seven, *em que os assassinos seriais são apresentados como seres extremamente inteligentes e invencíveis, nada mais distante da verdade*

por outro caminho e nos diz que durante suas ações os assassinos seriais tiveram de enfrentar vítimas que resistiram e conseguiram escapar, outras que os denunciaram, algumas que suspeitaram da armadilha e optaram por escapar imediatamente.

As narrações tendem a se desprender desses episódios e se centrar exclusivamente nos assassinatos consumados, mas, se escavarmos um pouco, encontraremos nomes que põem em dúvida a suposta invulnerabilidade dos assassinos seriais. Nomes como o de Ted Bundy, que teve de suportar, em mais de uma ocasião, que garotas as quais tentava enganar com seu ardil do braço engessado não lhe dessem bola, simplesmente por não confiarem nele, ou o de Albert DeSalvo, *o Estrangulador de Boston*, cujos gritos de uma de suas vítimas o fizeram fugir precipitadamente, e sem se esquecer de Aileen Wuornos, incapaz de conseguir que a grande maioria de motoristas parasse diante dela.

Onde está a chave para evitar essas situações de risco? Os especialistas falam de três tipos de prevenção:

- *Prevenção primária*: dirigida a melhorar as condições de segurança de uma comunidade.

- *Prevenção secundária*: centrada nas possíveis vítimas, especialmente entre os coletivos mais vulneráveis, adotando estratégias de autoproteção e redução de riscos.
- *Prevenção terciária*: trabalhando sobre quem já foi vítima, para evitar que voltem a sê-lo.

O grande dilema nessa questão é que, mesmo que as possíveis vítimas queiram ser protegidas pelo Estado e pelos órgãos policiais, não aceitarão recomendações que restrinjam muito sua liberdade e que lhes crie a sensação de que, se não as cumprirem, serão culpadas de uma possível agressão.

É o que acontece com os conselhos encaminhados para evitar agressões sexuais, como a que as mulheres caminhem sempre acompanhadas, não saiam à noite e, principalmente, que não conversem com estranhos. Eu acredito que as possíveis vítimas têm certa razão, que não entendem por que são elas as que deveriam ver seus direitos

Atualmente, calcula-se que de 15% a 20% das mulheres já sofreram ao menos uma agressão sexual ao longo da vida.

cortados e não os do agressor; mas também acredito que as autoridades também têm razão, sabedoras de que todos devemos nos envolver na prevenção na medida de nossas possibilidades.

O que devemos levar em conta para evitar uma agressão na medida de nossas possibilidades? Os investigadores do fenômeno vitimário elaboraram um esquema em que se concentram os pontos mais importantes que servem para que o agressor atue, e que às possíveis vítimas será útil para indagar que proprção medida podem contribuir para que essa agressão não aconteça.

- *Fatores individuais*: referem-se às características pessoais da possível vítima. O mais importante se refere ao sexo. As mulheres são mais propensas a sofrer uma agressão que os homens. Entre elas, a probabilidade aumenta quanto menor for a idade da mulher. A faixa mais vulnerável se encontra entre 16 e 30 anos.
- *Comportamento da vítima*: quanto maior for a temeridade da pessoa, mais risco ela tem de ser a próxima vítima. Atitudes como voltar para casa à noite acompanhada ou por lugares transitados diminuem o risco, enquanto outros, como abusar do álcool, o aumentam. Aqui também estão incluídas as companhias que a pessoa em questão possui, os lugares onde se diverte, os horários de volta e de saída, o fato de levar consigo artigos de proteção, dizer aonde vai e a que horas calcula que vai voltar...
- *Ofensores*: as características do ofensor e sua relação com a possível vítima são um dos pilares básicos sobre os quais se sustenta uma agressão.
- *Oportunidade*: sabemos que os assassinos seriais se movem pelos princípios da impulsividade e oportunidade. Por isso sempre buscam o momento em que possam agir. É nossa responsabilidade que esse instante não chegue, tentando, por exemplo, estar sempre acompanhados quando estivermos passando por lugares solitários ou perigosos.
- *Fatores sociais*: o estigma social que diversos setores sofrem os coloca como vítimas perfeitas pelos assassinos seriais.

Quanto maior for o apoio que esses coletivos recebam por parte da sociedade e das administrações, menor será seu risco de sofrer uma agressão.

Recorrendo novamente a Ted Bundy, esse assassino serial procurava como vítimas mulheres morenas, atraentes e penteadas com o cabelo partido ao meio. Seu gosto não foi um impedimento para conseguir atrair e matar umas 30 que correspondiam a esses critérios. Precisamente porque para essas mulheres não incomodava confiar em um estranho. Há 50 anos nenhuma garota teria conversado com um homem que já não conhecesse, porém, desde os anos 1970, essa questão mudou. O que quero dizer com isso? Que temos de saber gerenciar as liberdades conseguidas. Nem todo mundo é de confiança e nem todo mundo procura uma maneira saudável de se divertir. Felizmente não são a maioria, mas devemos ter cuidado com isso. Bundy não é um exemplo único. John Wayne Gacy e Jeffrey Dahmer procuravam suas vítimas em bares e áreas de diversão. Sabiam que nesses lugares as pessoas estariam mais propensas para irem com um estranho e se aproveitavam disso.

A vitimologia leva tempo estudando qual porcentagem de culpa temos no momento de nos tornarmos vítimas e realiza uma dupla distinção:

- *Vítimas de risco*: com esse conceito, entendem-se as pessoas que têm maior probabilidade de se tornar vítimas. E não somente se refere às prostitutas, a imagem mais popular de vítima fácil e desamparada, mas também a quem costuma voltar para casa por lugares escuros e solitários, a quem gosta de interagir com desconhecidos, a quem se deixa levar pelo álcool e pelas drogas...
- *Vítima vulnerável*: é aquela que sofreu uma agressão e ficou muito afetada psicologicamente pelo acontecido em função da precariedade emocional.

Outro dos problemas existentes em relação à prevenção dos ataques de assassinos seriais é que muitos países não estão preparados para lutar contra eles, nem antes que comecem a agir, nem quando já começaram, porque não sabem como enfrentá-los, por ser um tipo de delinquência desconhecido ou pouco estudado até então. O Japão é um país paradigmático dessa realidade.

Em um país onde os homicídios só ocupam 1% dos crimes que se cometem anualmente, o fenômeno do assassinato múltiplo é um completo desconhecido para eles. Assim, foi um susto quando, em 3 de novembro de 1994, na baía de Yokohama, apareceu boiando um saco de lixo plástico branco. Em seu interior estava o corpo de uma mulher adulta que morrera havia dias. Tratava-se da esposa do médico japonês de 31 anos Iwao Nomoto, que havia denunciado seu desaparecimento e o de seus dois filhos nesse mesmo dia. Em 7 de novembro, apareceu outro saco na mesma baía com o corpo de sua filha de 2 anos de idade, e, quatro dias mais tarde, o cadáver de seu filho de 1 ano em circunstâncias idênticas. Os três haviam morrido por estrangulamento e jogados às águas com lastros no interior dos sacos. No entanto, os gases da putrefação haviam puxado-os para cima.

A sociedade japonesa ficou estupefata por esses crimes e também a polícia, que dispunha de detalhes muito interessantes que não sabia como interpretar. Primeiramente os corpos tinham os pulsos amarrados com cordas de uma cor e os tornozelos de outra e os três estavam ordenadamente vestidos.

Os meios de comunicação, em polvorosa pelo acontecimento, não pararam de informar sobre os assassinatos enquanto a polícia continuava sem rumo fixo. Para sua sorte, naquela época Robert Ressler estava no país e, convidado a participar de um programa ao vivo, realizou o seguinte perfil do criminoso:

> O assassino tinha um enorme interesse em tirar os cadáveres do local do crime. Não queria que a polícia os encontrasse e os jogou na água. Os três estavam no mesmo local, dessa forma queria desfazer-se rapidamente deles. O modo como os amarrou com cordas coloridas seguindo a mesma ordem indica que se trata de uma pessoa organizada. Os corpos não têm feridas, portanto nenhuma delas soube da morte dos demais, já que teria havido luta. Os corpos foram jogados vestidos em sacos cheios de peso quando poderia tê-los jogado sem eles, o que indica que o criminoso os conhecia. Não queria que os encontrassem nus. Isso significa certa consideração. Não é provável que quisesse matar as crianças, já que não eram um

empecilho para matar a mãe. O assassino se preocupava com o fato de que essas crianças crescessem sem a mãe e, por isso, pode tê-las matado.

Um dia após ouvir essa declaração, o dr. Nomoto se entregou à polícia e confessou ser o assassino.

Agora, o que aconteceria se fôssemos capazes de reconhecer um psicopata antes de se tornar um assassino serial? Fazem falta políticas de prevenção? Vamos ver.

Como reconhecer um psicopata

Sua mãe lhe deu o nome de Richard David Falco. Fazer isso foi talvez o último ato de responsabilidade que teve com seu filho, já que, pouco após seu nascimento, em 1º de julho de 1953, o abandonou. Uma sorte para o casal Nathan e Pearl Berkowitz, que decidiu adotar o bebê.

Apesar do carinho que lhe deram seus pais adotivos, o menino nunca mostrou alegria. Ao contrário. David é conhecido pela timidez e pouca autoestima, mas também por seus constantes acessos de ira, pela violência incontrolável, depressões contínuas e mentiras. As jovens o rejeitavam e ele se fecha. Quando Nathan morre, David se perde e só se ergue para comprar uma Magnum 44 e começar uma orgia de horror na cidade de Nova York com o pseudônimo de *Filho de Sam*.

Suas primeiras vítimas aparecem em 29 de julho de 1976. Donna Lauria e Jody Valenti são baleados à queima-roupa enquanto conversam dentro de um carro. Morrem na hora. Em 23 de outubro desse mesmo ano, as vítimas são Carl Denaro e Rosemary Keenan; eles sofrem um ataque idêntico, porém, por sorte, nenhum dos dois falece.

Berkowitz sempre mata com sua pistola. Procura jovens dentro de carros estacionados e, sem dizer nada, se aproxima do para-brisa e atira. Uma carta deixada junto a uma das vítimas propicia o apelido pelo qual acaba se tornando conhecido: "Sou um monstro. Sou o filho de Sam... adoro a caça".

Com os dados disponíveis até o momento, o dr. Martin Lubin elabora um perfil direto do assassino: a polícia deveria procurar um

David Berkowitz no dia seguinte à sua prisão. Os Estados Unidos respiraram aliviados porque a polícia havia prendido um perigoso assassino.

paranoico que talvez acredite estar possuído por forças diabólicas e com problemas no trato com as mulheres. Em agosto de 1977, a polícia identifica o agressor como sendo David Berkowitz e o prende no dia 10 daquele mês. À época, havia deixado pelo caminho seis vítimas mortais e vários feridos.

Os livros que refletem sua história mencionam a maneira curiosa que a polícia utilizou para chegar ao assassino. Um homem chamado Sam Carr denunciou seu vizinho porque este havia escrito algumas cartas ameaçadoras ao seu cão. Os agentes acharam estranho o tom e as palavras usadas na carta. Lembrava-lhes as palavras que o *Filho de Sam* utilizava quando escrevia aos jornais vangloriando-se de suas façanhas, então decidiram cotejá-las e descobriram que a letra coincidia. Não somente isso, o apelido que ele mesmo havia se designado, *Filho de Sam*, fazia alusão ao nome do proprietário do cachorro, Sam Carr, de quem, sem dúvida, tomou seu apelido.

Começo repassando esse episódio porque o caráter que Berkowitz apresentou durante sua infância corresponde 100% com o presente na infância dos psicopatas, o que me obriga a formular uma questão: sabendo o que hoje sabemos sobre a psicopatia durante a infância e a adolescência, os crimes de David Berkowitz poderiam ter sido evitados? Além disso, é possível identificar um psicopata nesses primeiros estágios? Porque, se a resposta for afirmativa, o problema dos assassinos seriais seria, em grande medida, felizmente resolvido.

Como transtorno de personalidade que é, a psicopatia é observável desde a tenra infância. Isso dota os pais de alta responsabilidade no seguimento psicológico de seus filhos e em saber identificar quais desses atos correspondem a um comportamento psicopata. A seguir, mencionarei os mais importantes.

Antes, um aviso: a psicopatia admite diversos graus, motivo pelo qual nem todas as crianças que a possuam serão em suas atitudes e pensamentos tão claras quanto Kemper ou Jeffrey Dahmer. O importante é que os seguintes traços sejam persistentes, imutáveis e profundos com o tempo.

- *Egoísmo*: sempre se disse que as crianças são egoístas por natureza. E é uma verdade. O que acontece é que, à medida que a criança cresce, a tendência é que esse egoísmo vá diminuindo.

Uma criança mentalmente sã tende a compartilhar seus brinquedos com as outras crianças; pelo contrário, o egoísmo exacerbado é um possível indicador de psicopatia.

A partir dos 5 anos, as crianças começam a dividir seus brinquedos conscientemente, em uma tentativa de fazer com que todos participem da brincadeira e com a clara concepção de que também os outros devem dividir seus brinquedos com ele.

As crianças com tendência psicopata não experienciam esse processo de modo igual. Elas querem se aproveitar dos outros, mas sem dar nada em troca. Somente deixam suas coisas quando são ameaçadas, por exemplo, com não poder assistir televisão ou não receber presentes.

- *Agressividade*: contrariamente ao egoísmo, a agressividade não é uma constante nas crianças. Por isso, seu aparecimento já é um claro sintoma de alerta. Existe uma agressividade natural que é a que se expressa em determinadas brincadeiras que exigem contato físico e outra não natural que chega com respostas exageradas, ruptura de objetos, agressões contra os pais que em um princípio podem parecer até divertidas. As crianças com tendência à psicopatia explodem em cólera quando não conseguem o que querem ou quando são contrariadas em aspectos que podem ser inclusive banais.

- *Falta de empatia*: são os pais e a sociedade em conjunto que ensinam as crianças a compreenderem e sentir essa faculdade tão humana que é a empatia. Quando uma criança bate na outra, chama-se sua atenção, porém, ao mesmo tempo lhe é perguntado se ela gostaria que lhe batessem. A resposta normal e mais comum é dizer que "não", mas nessas outras crianças essa resposta não existe. Elas tendem a defender sua postura, a recalcar que quem fez algo errado foi o outro. Não conseguem compreender o dano que seus atos provocam, porque são incapazes de colocar-se no lugar do outro e sentir seus sentimentos.

- *Insinceridade e falta de culpabilidade*: as crianças psicopatas são grandes mentirosas. Com a mentira ocultam suas ações, mas também conseguem que os outros façam o que elas querem, o que as torna excelentes manipuladoras. Somente aceitam sua responsabilidade pelos atos quando as provas contra elas são muito evidentes, mas ainda assim alegarão mil histórias, quase todas falsas, para defender sua atitude.

  Também não sentem remorsos por seus atos, porque não sentem que tenham feito algum mal. E digo sentir, porque sim, elas sabem que fizeram um mal, mas não o sentem como tal, precisamente pela falta de empatia já descrita.

- *Tirania*: aparece à medida que se vai deixando para trás a infância e começa a adolescência. Se ainda mora com os pais, aprendeu como manipulá-los tornando-se o rei da casa. Esses aceitam seus desígnios para aplacar seus ataques de ira, brigas e situações de estresse.

  Para o professor Garrido, esse é o instante em que os pais compreendem que "seu filho não é como os outros". Também é o momento em que começam a se perguntar em que falharam, o que fizeram de errado com seu filho para ter chegado a esse ponto. Procura-se ajuda psicológica em uma tentativa desesperada de encontrar o caminho, mas é muito difícil que a solução chegue.

Somente aquelas pessoas que administram seus privilégios têm um mínimo de autoridade sobre eles. Mas não é real. Os jovens as respeitam para evitar ser prejudicados, mas em seguida voltam a fazer o que querem. Quando os acessos de cólera surgem, são capazes de quebrar móveis, vender objetos de valor, ir embora de casa durante vários dias sem ligar...

- *Irresponsabilidade permanente*: outra das constantes nesses jovens é a sua incapacidade de prosseguir com uma tarefa, mesmo que *a priori* goste dela. Abandonam empregos depois de poucas semanas ou dias, são inconstantes nos estudos... Eles se comprometem a se esforçar em troca de uma moto, dinheiro, uma viagem, mas, assim que conseguem o que querem, descumprem sua parte no acordo alegando mil histórias. Os pais continuam dando oportunidades, porém os filhos não aproveitam nenhuma delas. Não percebem a grande incredulidade que geram depois de tantas mentiras e continuam acreditando que sempre lhes será dada uma nova oportunidade.

Em seu livro *O Psicopata* (Algar Editorial, 2005), o professor Garrido estabelece 16 pontos sobre os quais os pais devem se perguntar se são característicos da atitude de seu filho:

1. Alardear de modo ostensivo suas conquistas.
2. Incomodar-se quando é corrigido.
3. Pensar que ele é mais importante que os outros.
4. Agir sem pensar.
5. Culpar os outros de seus próprios erros.
6. Rir de outras pessoas.
7. Entrar em situações de muito risco ou perigo.
8. Cometer atos ilegais.
9. Não manter suas amizades.
10. Entediar-se facilmente.
11. Despreocupar-se do rendimento na escola.
12. Não se sentir culpado ou mal por algo que tenha feito.
13. Ter emoções superficiais, como forçadas.
14. Não mostrar emoções.
15. Agir de forma amável, mas sem parecer sincero.
16. Não se preocupar com os sentimentos alheios.

Muitas crianças no mundo vêm de ambientes duros e têm infâncias difíceis e nem por isso acabam se tornando assassinas seriais.

Desses, os dez primeiros pontos são habituais em crianças vindas de ambientes marginais, com famílias pouco interessadas em seu desenvolvimento pessoal. Sua atitude não pode ser qualificada de psicopata.

Os seis últimos pontos, ao contrário, correspondem às características principais da psicopatia. Se uma pessoa os tem, fica claro ser uma aspirante a psicopata. O melhor nesse ponto é procurar ajuda psicológica com uma ideia muito clara: a psicopatia não tem cura. Já descrevemos que hoje em dia se desconhece o que cria a psicopatia, se se deve a fatores ambientais, genéticos ou a uma interação de ambos. E, como não sabemos de onde surge, também não sabemos como fazê-la desaparecer.

Então, o que haveria ou o que se poderia fazer com essa pessoa? Volto a realçar que existem muitos graus de psicopatia, e agora somente me refiro às pessoas que apresentem os mais profundos. Atualmente não existem políticas de prevenção nesse ponto, mas é inquestionável que deveriam existir. Por não ser um doente, o psicopata não pode ser obrigado a ingerir medicamentos para atenuar sua periculosidade e, se não cometer crimes, não pode ser preso. Pessoalmente acredito que a chave consiste em conjugar segurança pública sem vulnerar os direitos dessa pessoa, já que ainda não cometeu nenhum crime e não há certeza científica, somente estatística, de que o irá cometer. Mas como fazer isso? Ainda não existe uma resposta eficaz.

As Forças da Lei

7

OS PRIMEIROS ESPECIALISTAS

Aqueles que lutam contra monstros

O filósofo Nietzsche escreveu em uma ocasião:

> Aquele que luta com monstros deveria evitar tornar-se um deles durante o processo. E, quando você olha para o abismo, ele também olha para dentro de você.

Desde o século XIX, quando o fenômeno dos assassinos seriais começou a ser de interesse do público acadêmico e policial, têm sido muitos os que lutam com monstros. Por sorte, nenhum deles chegou a se tornar um, mas, como disse a citação de Nietzsche, sim, eles se viram profundamente afetados pela realidade que investigavam, pelo trato com esses criminosos. É impossível evitá-lo. Trabalhar com a criminalidade humana deixa cicatrizes na alma.

A história do crime em geral, e o estudo sobre os assassinos seriais em particular, iniciou-se com o livro *A Criminologia*, de Rafael Garófalo (1851-1914). Naquelas páginas, esse autor italiano introduzia a criminologia como ciência, ao centrar-se na análise das ações dos delinquentes e dos motivos que os levavam a cometer seus crimes.

Apesar dessa importante contribuição, não seria Garófalo que receberia o título honorário de pai da criminologia moderna, mas seu compatriota Cesare Lombroso (1835-1909). O motivo é simples: além do mero estudo dos motivos e dos delinquentes, Lombroso teorizou sobre as penas e a utilidade ou não das cadeias como elementos impeditivos, falou dos direitos inerentes dos delinquentes e estabeleceu categorias humanas que estiveram vigentes durante vários anos.

Sua teoria mais famosa foi a do criminoso nato, com a qual defendia a ideia de que um delinquente poderia ser reconhecido por seus traços físicos. Na prática, equivalia a dizer que uma pessoa era mais propensa a se tornar um delinquente, dependendo de se ela tinha certas características físicas ou outras. Alguns desses traços eram sobrancelhas muito unidas, olhos pequenos, testas proeminentes... Hoje, tal ideia nos provoca estranheza, mas devemos observar que Lombroso não fazia nada além de seguir as teses de Charles Darwin, que naquela época havia revolucionado a Europa com sua obra *A Origem das Espécies – E a Seleção Natural.** Se as espécies haviam evoluído em sua forma para adaptar-se às novas condições, não poderiam os delinquentes ter feito o mesmo? Foi a ideia de Lombroso.

À direita Alexandre Lacassagne. Suas conclusões sobre as causas que tornavam uma pessoa delinquente contradiziam abertamente as de seu colega Cesare Lombroso, na foto à esquerda.

---

*N.E.: Obra publicada no Brasil pela Madras Editora.

Ele não foi o único a aplicar o modelo darwinista em suas investigações. O próprio primo do naturalista inglês, *sir* Francis Galton, trabalhou na descoberta de uma forma de melhorar a raça humana mediante a seleção natural e encontrou nas cristas e sulcos que aparecem nas gemas de nossos dedos uma linguagem que revelava as aptidões mentais e físicas de quem as possui e, assim, sua idoneidade como procriadores. A diferença é que o trabalho de Galton impulsionou o surgimento e a consolidação da datiloscopia, e a teoria do criminoso nato de Lombroso acabou desaparecendo.

As ideias de Lombroso foram duramente atacadas por colegas seus, como Alexandre Lacassagne (1843-1924), médico legal da Universidade de Lyon. Para rebater o criminólogo italiano, Lacassagne publicou *Les Archives d'Ánthropologie Criminelle*, em que estabelecia que o fator que tornava uma pessoa criminosa não era seu físico, mas o ambiente. O criminoso, dizia Lacassagne, é como um micróbio que precisa de um lugar para germinar. Enquanto não o encontre sua presença será inocente, mas, assim que o encontrar, ele se tornará um inimigo da sociedade.

Todos os nomes citados até o momento teorizaram sobre os assassinatos de desconhecidos, mesmo sem muita ênfase, porque naquela época o fenômeno dos assassinos seriais quase não tinha importância, oculto por outros crimes muito mais cotidianos como os estupros ou os roubos. Porém, o que acontecia na prática? Como se combatiam os assassinos de desconhecidos naquela época? Muito pobremente. As ciências forenses ainda eram desconhecidas e a evidência, como elemento principal para sustentar a sentença em um julgamento penal, havia dado seus primeiros passos somente no início do século XIX. Paradoxalmente, um de seus impulsores havia sido um ladrão recuperado e transformado em detetive, François Vidocq.

Nascido em 1775 na localidade francesa de Arras, até o ano de 1809 a vida desse homem, caracterizado por quem o conheceu como astuto e sagaz, não havia sido mais que uma sucessão de confusões, duelos, roubos e negócios frustrados. Repudiado por seu próprio pai, padeiro de profissão, Vidocq havia chegado a Paris fugindo de um

Vidocq, o ladrão mais famoso da França, e posteriormente transformado em chefe da polícia parisiense.

passado que hoje consideraríamos aventureiro, mas que realmente esteve dominado pela violência e o desprezo pela vida humana.

Como dissemos, naquela época a ciência criminal ainda não havia começado a se desenvolver, e uma das carências mais importantes do sistema judicial consistia em não dispor de um processo de identificação que descobrisse se um preso era delinquente reincidente ou não. A diferença não era insignificante, já que ser reincidente acarretava uma pena muito maior, podendo inclusive decretar-se o guilhotinamento. Vidocq se aproveitou dessa carência, entrando e saindo da cadeia em numerosas ocasiões. Às vezes, após cumprir penas menores, e em outras, as maiores, fugindo da cela diante da surpresa de seus captores. Foram essas fugas que o tornaram um personagem famoso em toda a França, complicando sua tentativa de abandonar a vida criminosa. Mas o destino é caprichoso e, naquele 1809, Vidocq recebe a oferta do então diretor da polícia, Joseph Fouché, de fazer parte da Sûreté Nationale, um novo corpo policial idealizado para combater a delinquência na capital e que ainda está em fase de projeto.

Até então a polícia se dedicava exclusivamente a descobrir complôs internos e conspirações estrangeiras, mas o descontentamento dos cidadãos diante da crescente insegurança obrigou os políticos a acrescentarem mais competências. Fouché havia pensado em Vidocq porque sua mente lhe dizia: quem melhor que um delinquente para pegar outro delinquente? E ele estava certo.

Só em 1817 Vidocq chegaria a pegar mais de 800 delinquentes, embora sua verdadeira colaboração tenha sido basear-se nas provas e nas evidências científicas como um meio para solucionar os crimes. A esse respeito, um dos casos mais fascinantes foi o do assassinato de uma condessa em 1822. A mulher havia morrido com um tiro na cabeça e assim ele a encontrou quando foi à cena do crime, jogada no chão e com uma grande mancha de sangue espalhada no tapete.

Interrogados os principais suspeitos, parecia que toda a culpa recaía sobre o marido, acusado de adultério, inveja e ânsia por dinheiro. Acusações que bastariam para condená-lo em um julgamento, como foi dito, mas insuficientes para Vidocq, que diante do olhar atônito dos presentes extraiu a bala incrustada na cabeça. Em seguida, comparou-a com a arma do marido, comprovando que o projétil era de um calibre superior, porém perfeita para a pistola do amante, que acabou prendendo.

Esse episódio, tremendamente cotidiano hoje, envolveu uma autêntica revolução naquele momento, porque depositava na evidência toda a carga judicial, em uma época em que nenhum juiz falava de evidências ou de indícios. Acontecia que todo o sistema se baseava na declaração das testemunhas, mas com muitas restrições. Por exemplo, somente a acusação tinha o direito de chamar testemunhas, não podendo o acusado apresentar as suas próprias ou defender-se no tribunal. Na mentalidade dos juízes, havia a ideia de que, se fosse permitido ao acusado subir ao estrado, este se aproveitaria e não pararia de mentir. Como medida de proteção, estipulava-se que o depoimento de uma testemunha da acusação fosse ratificado ao menos por outra pessoa. Se isso acontecesse, o réu poderia considerar-se sentenciado.

O francês falou de projéteis antes do nascimento da balística, confeccionou fichas policiais antes que Bertillon estabelecesse seu método antropométrico de identificação criminal e prestou atenção ao *modus operandi* dos delinquentes antes que o FBI cunhasse essa expressão.

Hans Gross, juiz, pai da criminalística e fundador do primeiro Instituto de Criminologia.

Sabedor da admiração que suas façanhas causavam, Vidocq nunca se privou de alardear as mesmas nos cafés e tabernas parisienses, também frequentadas pelos escritores mais célebres da época. De fato, é conhecido que alguns deles se basearam no audaz francês para inspirar certos relatos ou criar alguns de seus personagens, como Victor Hugo, que se baseou no detetive para criar os dois protagonistas centrais de seu célebre romance *Os Miseráveis*, o fugitivo Jean Valjean e o inspetor Javert. Também Honoré de Balzac, Alexandre Dumas ou Eugène Sue o utilizaram com o mesmo propósito, e acredita-se que o personagem do detetive Auguste C. Dupin, surgido da mente de Edgar Allan Poe, é um *alter ego* de Vidocq, assim como o detetive *monsier* Lecoq, um investigador caracterizado por empregar o método científico em suas pesquisas e escrito pela pluma de Émile Gaboriau.

Logo o caminho de Vidocq foi seguido por outros homens de leis, e o mais importante neste breve relato: Hans Gross (1847-1915). Diretor dos Archiv für Criminalthropologie de Leipzig, onde também trabalhava como juiz, Gross uniu a criminologia e a criminalística – entendida como o conjunto de ciências forenses – para perseguir os crimes. Pela primeira vez a teoria e a prática andavam de mãos dadas, criando uma arma poderosa a serviço da sociedade.

Em sua Áustria natal, a polícia não tinha experiência na investigação criminal e ele sonhava em criar um corpo semelhante à Sûreté Nationale francesa ou à Scotland Yard inglesa.

Acreditava que uma investigação criminal era um trabalho de equipe no qual seus integrantes deveriam respeitar um método de trabalho único. Relegava a intuição dos investigadores a um segundo plano e antepunha a evidência como único elemento inquestionável em uma investigação. Para facilitar o trabalho dos juízes, escreveu um manual de atuação com a inclusão dos conhecimentos teóricos e práticos que todos que se envolvem em uma investigação desse tipo devem possuir. O trabalho viu a luz em 1891 com o título *Manual para o uso dos juízes de instrução*. Nele, podem-se ler fragmentos como este, relativo à análise de uma cena de crime:

> Antes de qualquer coisa, deve-se proceder nesse trabalho com uma extraordinária calma e tranquilidade, pois sem elas o sucesso da investigação seria lastimosamente comprometido. [...] O mais importante nas inspeções oculares é procurar as digitais ou rastros do crime. Assim, por exemplo, se se tratar de um assassinato, a primeira coisa seria investigar se o cadáver se encontra ou não na mesma posição que o criminoso o deixou após o crime.

Gross também foi o inventor do termo "criminalística" e da fundação do primeiro centro para o estudo da criminologia do mundo em Graz, sua cidade natal: o Real e Imperial Instituto de Criminologia da Universidade de Graz. Em suas aulas, Gross impulsionou o estudo da psicologia, da sociologia e da antropologia como ciências imprescindíveis para entender em toda a sua dimensão o comportamento criminoso. Hoje essa visão se mostrou tremendamente acertada, até o ponto de que este livro não teria sido possível sem o trabalho dos psicólogos e sociólogos que durante décadas estudaram a mente, a cultura e o ambiente dos assassinos seriais.

E também não sem a colaboração de outra figura absolutamente essencial como foi a de Edmond Locard (1877-1966). Esse catedrático da Escola de Medicina Legal e professor da Escola de Polícia de Lyon é considerado o pai da criminologia moderna pelas suas importantíssimas contribuições para o mundo da investigação criminal.

Hans Gross foi o primeiro estudioso que escreveu sobre como se deveria analisar uma cena de crime e tratar as evidências encontradas.

Sua grande influência foi Hans Gross, de quem foi um discípulo extraordinário. Fascinado pela análise da cena do crime que o austríaco propunha em seus livros, Locard se centrou no estudo dos vestígios que os criminosos deixavam para trás. "A sujeira dos sapatos frequentemente nos diz mais sobre onde ele esteve que o mais árduo dos interrogatórios", costumava dizer Hans Gross, e Locard sintetizou essa verdade no princípio que leva seu nome, também conhecido como *princípio de transferência* e plasmado em sua obra, de 1920, *A Investigação Criminal e o Método Científico*, e três anos mais tarde em *Manual de Técnica Policial*. Segundo este, quando alguém entra em contato com outra pessoa ou lugar, algo dessa pessoa fica atrás e algo é levado com ela. Ou, simplesmente, todo contato deixa um vestígio.

> Ninguém pode cometer um crime com a intensidade que essa ação requer sem deixar numerosos sinais de sua presença; o delinquente, por um lado, deixa marcas de sua atividade na cena do crime e, por outro, inversamente, leva em seu corpo ou na roupa os indícios de onde esteve ou do que fez.

O *princípio de transferência* revolucionou para sempre a análise da cena do crime e ainda hoje é a primeira lição ensinada nas academias aos aspirantes a policiais científicos.

Sua fama e interesse pelo mundo do crime o levaram a inaugurar em 1910 o primeiro laboratório forense da história de Lyon. Um dos primeiros casos que chegaram foi o de Émile Gourbin, um homem acusado de matar sua amante, mas quase intocável por dispor de um álibi perfeito. Durante o interrogatório ao qual foi submetido por Locard, este lhe pediu que deixasse examinar suas unhas. Como pôde comprovar, sob elas havia uma fina capa de maquiagem, que ao ser comparada com a que a vítima usava demonstrou ser a mesma. Gourbin não teve mais opção a não ser confessar.

Estes casos lhe granjearam fama mundial, quase tanta quanto a obtida pelo detetive literário Sherlock Holmes. De fato, Locard sempre mostrou uma grande fascinação pela personagem criada por *sir* Arthur Conan Doyle, até o ponto de mencionar em seus escritos citações como esta:

> Sustento que um policial especialista ou um juiz de instrução estaria longe de perder tempo se lesse os romances de Doyle. Em *As Aventuras de Sherlock Holmes*, pede-se repetidas vezes a Holmes que diagnostique a origem de uma bola de barro [...]. A presença de uma mancha em um sapato ou em um par de calças lhe serve para descobrir a área de Londres de onde vem, ou o caminho pelo qual se passou até chegar a ele.

Frases pronunciadas por Holmes, como aquela que assegurava que "quando se eliminou o impossível, o que resta, mesmo muito improvável, deve ser a verdade", faziam as delícias de um público ávido de aventuras. Não é inimaginável afirmar que o detetive e seu fiel acompanhante Watson inspiraram toda uma geração de detetives e teóricos das incipientes ciências forenses, cativados pelo método dedutivo.

Para eles, Conan Doyle era um visionário, porém o que não sabiam era que o escritor realmente tinha a capacidade de análise que tornou famoso Sherlock Holmes e que ele mesmo participava de algumas investigações particulares, respondendo ao chamamento de alguns leitores que solicitavam seus serviços ou da própria Scotland Yard.

Arthur Conan Doyle nasceu em Edimburgo, em 22 de maio de 1859. Era filho de artistas católicos e irlandeses, dois fatores que o ensinaram desde muito jovem o que significava sentir-se à margem da puritana e anglicana sociedade britânica.

A formação de Doyle se desenvolveu entre o Tirol austríaco, dentro da escola jesuíta de Feldkirch, e a Universidade de Edimburgo, onde estudou medicina. E foi precisamente nesses anos que começou a se interessar pelo mundo do crime. Já seu pai, Charles Altamont Doyle, trabalhava como desenhista para a *Ilustrated Times*, revista que refletia assiduamente os crimes mais importantes que passavam pelos tribunais de Edimburgo. Além disso, o pai de seu melhor amigo, John Hill Burton, era funcionário das prisões e autor do livro *Relatos de Julgamentos Penais Celebrados na Escócia*.

Era esse um tipo de literatura muito em destaque naquela época. Os romances de Poe causavam furor entre a juventude e o próprio Doyle se considerava um fervoroso admirador do autor americano, após ler relatos como *Os Crimes da Rua Morgue, O Escaravelho de Ouro* ou *A Carta Roubada*. O pensamento dedutivo que era seguido por seu protagonista, o inspetor Auguste C. Dupin, para resolver os enigmas lhe fascinou da mesma forma que outros personagens de outros autores, como Wilkie Collins ou o próprio Stevenson. No entanto, ele sempre relatou que a experiência crucial que o fez decidir-se a acolher a carreira detetivesca foi a visita que realizou ao museu de cera de Madame Tussaud em 1874, com 15 anos de idade. Entre aquelas esplêndidas e realistas figuras, Doyle sentiu especial fascinação pelas que integravam a, talvez, mais famosa de suas seções. "O que mais gostei foi da câmara dos horrores e as reproduções dos assassinos", escrevia à sua mãe em uma carta. "Sentia-me tão cativado quanto horrorizado", dizia ao contemplar as imitações do dr. Edgard Pritchard, envenenador e última pessoa enforcada publicamente na Escócia, ou autênticas relíquias como a lâmina e o tronco da guilhotina original que decapitou 22 mil pessoas durante a Revolução Francesa.

Como bom estudioso e analista dos casos criminais que era, sua maior preocupação consistia em constatar a possibilidade real de que um inocente fosse preso até o ponto de condená-lo por um crime que não tivesse cometido. Doyle era consciente da linha tênue que separa uma pessoa entre o justo e o injusto e de que a mera interpretação

Conan Doyle escrevendo no escritório de onde saíram os principais romances de Sherlock Holmes.

de uma evidência basta por si só para condenar ou absolver alguém da forca. Essa certeza o fez posicionar-se contra a pena de morte porque, mesmo que a defendesse para os delinquentes habituais, não a concebia para quem tivesse transgredido a lei pela primeira vez, e menos ainda se esses eram jovens ou se na sentença transparecesse uma dúvida razoável sobre a culpabilidade do condenado. "Mais vale pecar por sermos prudentes e aceitar que é preferível que 99 culpados ganhem a liberdade, que um só inocente pague por algo que não fez", escrevia nos jornais. Em seu foro interno, jurou a si mesmo velar para que ninguém sofresse tal injustiça.

Todo esse mundo influenciou para que sua mente se enchesse de ideias para criar um personagem detetivesco que se baseasse na lógica para resolver os mais inverossímeis crimes. Um ser dominado pela justiça, o raciocínio e a defesa dos fracos. Em definitiva, o *alter ego* de Conan Doyle. Foi assim que nasceu Sherlock Holmes.

Depois de alguns anos dedicados à prática da medicina, Doyle abandonou os consultórios definitivamente para se dedicar exclusivamente à escrita. Era 1891, e naquela época já havia publicado, com um tremendo sucesso, os livros *Estudo em Vermelho* e *O Signo dos Quatro*, além de vários contos para a revista *The Strand*, sempre com Sherlock Holmes como protagonista.

As pessoas estavam maravilhadas diante da astúcia e da clareza de ideias do detetive e começaram a se perguntar se o autor realmente tinha esses mesmos dons ou se, ao contrário, os casos expostos e o modo de resolvê-los haviam sido extraídos da realidade. Pelo que seus biógrafos sabem, Doyle jamais copiou um crime real, ainda que muitos dos que conheceu tenham servido como inspiração para as tramas de seus livros.

O que sim foi genuinamente seu eram as deduções que punha na boca de Holmes e que constituíam o verdadeiro sucesso dos romances. A melhor testemunha daquele dom foi sua própria filha, Adrian Conan Doyle, que em diversas entrevistas sobre a morte de seu pai relatou como ambos costumavam comer juntos em diversos restaurantes, "onde ouvia os comentários que fazia acerca das peculiaridades, profissões e outras características próprias de cada um dos comensais ali presentes, comprovando mais tarde, graças ao encarregado do restaurante, a precisão de suas intuições".

Não é de estranhar, portanto, que muitas pessoas e a própria Scotland Yard se dirigissem a ele para pedir ajuda diante de casos de difícil resolução, porque seus romances sempre caminharam à frente do desenvolvimento da polícia britânica. Basta pensar que não seria até 1912 que a Scotland Yard designaria o primeiro fotógrafo oficial, até 1924 que se formaria o departamento de polícia científica ou a seção de armas de fogo. Avanços que já apareciam nos relatos de Sherlock Holmes.

Um dos casos nos quais se solicitou sua intervenção foi o protagonizado por George Edalji.

Em meados de dezembro de 1906, o escritor recebeu a carta de um jovem que acabava de sair da cadeia, após três anos internado, pela acusação de ter provocado a evisceração de um cavalo. Tratava-se de George Edalji, advogado e filho de um reverendo de ascendência parsi. A família habitava em Wyrley, situada em meio à campina inglesa. Com certeza, Doyle pensou aquilo que colocou na boca de Holmes quando este afirmava que "com certeza, a agradável campina inglesa também foi um dos lugares tenebrosos da Terra". Logo averiguaria a certeza de tal afirmação.

Durante os meses seguintes, Doyle se envolveu no caso até realizar uma exaustiva investigação criminal. Por meio dela soube que, havia anos, os ataques ao gado e aos animais de carga eram uma constante em Wyrley. Também descobriu que a família Edalji havia sofrido uma perseguição incansável desde que se estabelecera na localidade, com frases ofensivas e o envio de cartas caluniosas e especialmente desagradáveis que também se atribuíram à pluma de George Edalji, em uma espécie de ataque contra seus pais e irmãos.

Graças aos seus conhecimentos de médico e criminólogo, Doyle constatou que o autor das cartas tinha uma mente transtornada, nada a ver com o advogado calmo, cortês, introvertido e de um brilhante futuro que era o jovem Edalji. O mais gritante foi constatar que, inclusive desde sua entrada na prisão, os ataques aos cavalos continuavam acontecendo. Esse dado por si só já exonerava Edalji, porém a polícia local continuou sem voltar atrás em suas acusações.

Finalmente, Doyle pôde demonstrar que tudo se devia a uma pessoa alheia ao acusado e que a base dos ataques à família Edalji

*Estátua em memória de Conan Doyle e de sua personagem
literária mais célebre, Sherlock Holmes.*

provinha da inveja e da rejeição que despertava ter um pastor de outra raça. "As pessoas acreditam que os brancos são os que devem levar a palavra de Deus aos negros, não o contrário", escreveu nos jornais em que denunciava a imparcialidade da condenação. A Justiça deu parcialmente a razão à Doyle porque, mesmo Edalji sendo exonerado de ter atacado os animais, continuou sendo considerado o autor das cartas injuriosas, apesar de não haver uma só prova que sustentasse a acusação.

Também deu com a solução correta no caso conhecido como *O mistério da mansão do casario do fosso*. Em 18 de março de 1903, Samuel Herbet Dougal foi preso, acusado de usar cheques falsos e suspeito de estar envolvido no desaparecimento de Camilla Cecile Holland, com quem havia morado durante uma temporada na chamada Mansão do Casario do Fosso.

A polícia pensava que a srta. Holland estivesse morta e que Dougal fosse o assassino, mas sem corpo de delito não podia formular uma acusação formal. Foi assim que vários jornalistas pediram a ajuda de Conan Doyle. Sua recomendação foi a de que se ativessem ao nome da casa e à estranheza de que, apesar de chamar-se "do fosso", não houvesse nada parecido com uma valeta nos arredores. Os detetives decidiram seguir essa pista e descobriram que, de fato, na época do desaparecimento, a valeta que dava nome ao casarão havia sido fechada. Quando voltou a ser aberta, foram encontrados os restos da mulher.

Samuel Herbet Dougal foi julgado, condenado e executado na forca.

Outro dos assuntos que mais fascinou o escritor foi o de *Jack, o Estripador*. Mesmo que houvesse passado tanto tempo depois das mortes em Whitechapel, o nome de Doyle sempre esteve ligado àquele episódio. Visitou um a um todos os cenários dos assassinatos individualmente, examinou as evidências guardadas no Black Museum da Scotland Yard e leu as cartas que, supostamente, o criminoso enviou à polícia. Com todos esses elementos esboçou sua peculiar teoria sobre a identidade do assassino. Como seu filho lembrou em 1962, "meu pai acreditava que o *Estripador* se vestia de mulher para abordar suas vítimas sem levantar suspeitas". Curiosamente, em 1888

– ano dos crimes –, vários inspetores encarregados do caso chegaram a essa conclusão, após encontrarem roupas femininas queimadas na casa da última vítima e que não lhe pertenciam. Nunca se pôde comprovar se sua impressão estava correta.

Falo desse episódio porque *Jack, o Estripador* é considerado o primeiro assassino em série da era moderna. Seu caso implicou o fim de uma época e o início de outra, dominada pelas novas ciências forenses, na qual ainda estamos imersos. A investigação do *Estripador* teria evidenciado as enormes carências que a Scotland Yard tinha em matéria criminal, demonstrando-lhe a necessidade de adquirir novos meios e de formar novos investigadores para o futuro que lhe esperava no próximo século XX.

Mas como já falei desse caso brevemente neste livro e como, além disso, neste capítulo estamos nos centrando nos pioneiros da investigação criminal moderna, vou dedicar as seguintes linhas ao detetive que coordenou aquela investigação, ao primeiro homem que enfrentou cara a cara um assassino serial tal e qual hoje o entendemos, Frederick Abberline.

Em tempos do *Estripador*, 1888, ser da polícia significava desempenhar uma profissão dura. Um agente não podia se desprender jamais de seu uniforme nem aceitar dinheiro de ninguém sem a permissão do delegado, também não lhe era permitido abandonar seu posto sem avisá-lo um mês antes, e podia ser destituído por incapacidade, negligência ou má conduta. Inclusive estava estipulado que um delegado podia despedi-lo sem a necessidade de dar explicações.

As rondas policiais eram longas e monótonas. Um agente jamais ia acompanhado, fato pelo qual se arriscava a sofrer uma emboscada. Nas noites frias de Londres, envolto na névoa espessa, não deveria ter sido agradável caminhar pelas ruelas tão sórdidas e escuras como as de Whitechapel. Uma das normas que mais se discutiu foi a da proibição de que um agente abandonasse sua ronda. Por esse motivo também não lhe era permitido entrar nos *pubs* e juntar-se com as pessoas a não ser que fosse imperiosamente necessário. Para isso existiam os detetives, os membros do Departamento de Investigação Criminal.

Sua principal característica era que trabalhavam sem uniforme. No início somente agiam quando acontecia algo, porém, mais tarde se impôs a ideia de Robert Peel de que a polícia existia para prevenir o crime, não somente para prender os criminosos, e os detetives se enquadraram no organograma da Scotland Yard com plenos direitos.

Até 1864 só houve 15 detetives entre 8 mil policiais, mas em 1888 seu número elevou-se a 800, e, mesmo que cobrassem mais que os agentes comuns, o descontentamento sobre seus salários permanecia como uma questão a ser resolvida. Eram escolhidos entre os melhores agentes e, em pouco tempo, surgiu em relação a eles um ar de veneração, em parte pelo trabalho que desempenhavam e que com tão poucos recursos fossem capazes de conseguir meritórios sucessos. Um artigo da época os descreve com certa admiração:

> Algumas vezes têm de investigar roubos realizados com tal maestria que para os observadores comuns não há capacidade humana de descobrir o ladrão. Não deixa rastro nem sombra, qualquer digital desapareceu; mas a experiência de um detetive o guia por caminhos invisíveis a outros olhos.
>
> Também têm não somente de contrabalançar as maquinações de todo tipo idealizadas por malandros cujos meios de subsistência provêm de toda classe de velhacaria, mas averiguar também mistérios familiares, cuja investigação exige a maior delicadeza e tato.

E, entre todos eles, Frederick George Abberline era o mais capaz. Havia entrado na Polícia Metropolitana em 1863 e logo sua constância e audácia lhe deram a admiração e o respeito de seus companheiros e superiores. "Acredito que me consideravam excepcional", chegou a dizer estando aposentado. E realmente o era. Oitenta e quatro menções de honra e diversos prêmios dados por magistrados, juízes e chefes de polícia o corroboram.

Abberline se viu implicado em alguns dos casos mais complicados da história da Scotland Yard. Quando uma bomba explodiu na Torre de Londres, em 24 de janeiro de 1885, ele foi um dos agentes mais ativos na investigação. De acordo com suas memórias, trabalhava até as 4 ou 5 horas. Suas pesquisas levaram à prisão dos autores e novamente as autoridades e os jornais o parabenizaram por seu bom trabalho. O detetive recusou mais condecorações. Sua consciência lhe dizia que somente fizera seu trabalho, jamais por glória ou fama.

Abberline vivia sozinho, e o era. Hoje em dia não existe uma só fotografia do personagem, unicamente desenhos que representam um homem com costeletas grossas, pômulos marcados, orelhas pequenas, barba unida ao bigode por um fio de pelo e mento superior barbeado. Sempre elegante, sempre atento, sempre conforme às regras. O tipo de policial que odiava estragar uma boa investigação por não ter cumprido com as formalidades.

Em sua casa foi feito um álbum em que incluía recortes de seus casos junto com anotações sobre a maneira como os investigou e sobre as falhas que deveria resolver para o próximo acontecimento. O trabalho lhe ocupava quase todas as horas do dia e da noite. Gostava de fazer perguntas a todo mundo, e frequentemente era visto falando com cocheiros, prostitutas e comerciantes, quando não, entrando em locais suspeitos de onde bem poderia não sair com vida.

Durante sua carreira, uma estrela pareceu lhe proteger. Por tudo isso, seu chefe Charles Warren não teve dúvidas em nomeá-lo diretor da investigação a partir do momento em que o cadáver de Mary Ann Nichols foi descoberto, a segunda vítima do *Estripador*. Com certeza, esperava-se uma resolução rápida do caso, mas não seria assim. A falta de meios técnicos, a escassez de pessoal, a astúcia do criminoso, a má coordenação entre os órgãos policiais e, sobretudo, o desconhecimento absoluto sobre a mente dos assassinos seriais geraram um fracasso rotundo.

Abberline é hoje considerado um paradigma da investigação criminal, como já foi dito, o primeiro que enfrentou um assassino em série moderno, porém aquela foi uma tarefa que o superou. A Scotland Yard ainda não estava preparada para esse tipo de crime. Locard, Hans Gross, Doyle... somente haviam plantado algumas sementes de sabedoria e inovação naquele tempo, mas seriam necessários vários anos para que germinassem. E Abberline havia nascido antes da hora. Ainda assim, sua atitude se caracterizou por uma constância sem defeito. Interrogou centenas de suspeitos e possíveis testemunhas, passou por todas as teorias possíveis, espremeu ao máximo todos os recursos da Scotland Yard, imaginou novos métodos de análise de uma cena, como o uso da fotografia, e compreendeu

Retrato do detetive da Polícia Metropolitana, Frederick Abberline. Como agente mais condecorado, foi escolhido para investigar os crimes de Jack, o Estripador.

como ninguém que as polícias modernas precisavam de uma remodelação profunda.

Em 1892, aposentou-se. Sua família e companheiros de trabalho lhe ofereceram uma festa. Deram-lhe um jogo de café e chá de prata, sempre entre elogios e frases de carinho. Em um momento da festa o inspetor Arnold, um de seus melhores amigos, pediu silêncio e tomou a palavra. Arnold sabia, depois daquelas noites de confissões íntimas que somente a boa amizade é capaz de proporcionar, que Abberline sentia em sua alma não ter podido vencer *Jack*. Ele tentou até a exaustão, inclusive a ponto de sucumbir diante da pressão dos superiores... mas não conseguiu. Por esse motivo e naquele instante, com todos os convidados ao seu redor, e sustentando uma taça em sua mão, seu companheiro pronunciou as seguintes palavras: "Abberline veio ao East End e dedicou todo o seu tempo a lançar luz sobre aqueles crimes. Mas, infelizmente, as circunstâncias tornaram impossível esse triunfo".

Se Abberline estivesse vivo hoje, ele se surpreenderia com o tanto de avanço que há nas técnicas de investigação criminal no que se refere ao mundo dos assassinos seriais. Vamos comprová-lo no capítulo a seguir.

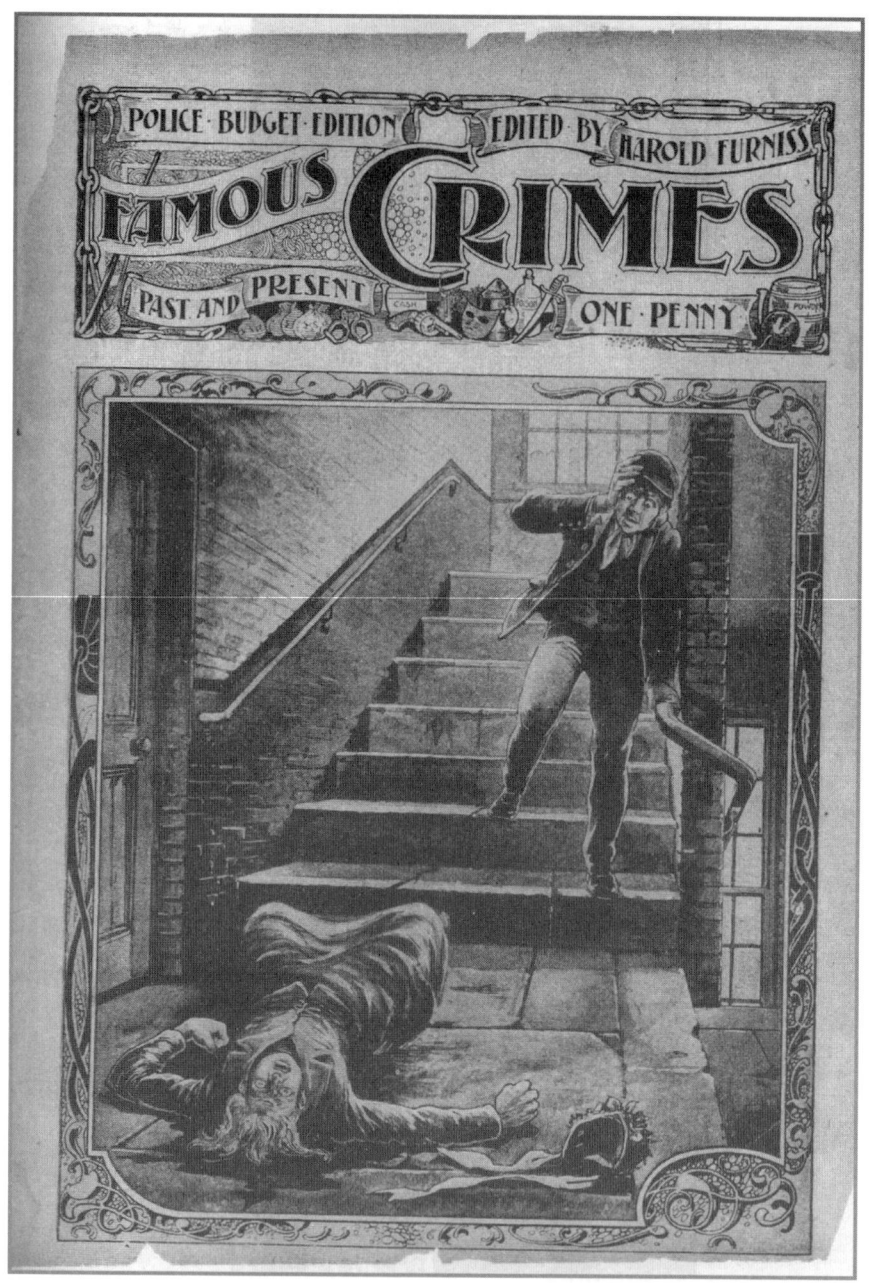

Representação de um dos crimes do Estripador.

8

Técnicas Modernas de Investigação Criminal
Uma luz na escuridão

Cem anos já se passaram desde que Abberline enfrentou *Jack, o Estripador,* e desde aquela época as técnicas de investigação avançaram enormemente. Muitas das chaves e teorias criadas por Hans Gross e Edmond Locard continuam plenamente vigentes, mas sem dúvida aqueles rudimentares tubos de ensaio, pincéis e reativos químicos com os quais trabalhavam já se tornaram obsoletos.

Neste capítulo nos aprofundaremos no desenvolvimento da investigação de um assassinato ou ao menos mencionaremos os aspectos mais importantes dessa investigação, já que cada caso é diferente e sempre podem surgir complicações que prolonguem as pesquisas e acabem implicando mais especialistas e profissionais do que normalmente estipulado.

Uma investigação de assassinato quase sempre começa com a descoberta de um cadáver. O cinema e as séries de televisão nos transmitem a crença de que os assassinatos são episódios limpos e que os cadáveres sempre aparecem com expressões tranquilas, os olhos fechados e um pouco de sangue manchando o chão ou o tapete. Tudo falso. Os assassinatos não costumam ser limpos, pela simples razão de que o sangue é um líquido que viaja por nosso corpo a grande velocidade. Quando alguma facada ou tiro corta as veias e artérias, esse sangue flui em jorros ou à pressão, manchando tudo ao seu redor. E, se a vítima morreu asfixiada, também lhes asseguro que sua expressão não é, com certeza, sinônimo de tranquilidade, e o mesmo acontece quando morre afogada ou queimada.

Como se fosse pouco, muitos cadáveres são encontrados depois de vários dias, quando o processo de decomposição já começou a agir em seu corpo. É incrível observar como o calor e a umidade podem desintegrar um corpo após poucas semanas se este se encontra ao ar livre, e um pouco mais tarde se está em um ambiente fechado. Os especialistas dividem a decomposição dos cadáveres em cinco fases: fresca, de intumescência, de putrefação, de pós-putrefação e esquelética. Como já falei profusamente dessas fases em meu livro *A Ciência Contra o Crime* (Nowtilus, 2010), não me deterei a explicá-las.

Dessa forma, podemos nos assegurar de que não, que as vítimas de assassinato não são encontradas como o cinema as apresenta.

O local onde o corpo é encontrado recebe o nome de *cena do crime primária* e é nesse lugar que se costuma começar a investigação. Se quisermos ser totalmente escrupulosos, deveríamos utilizar a expressão *provável cena do crime primária*, porque ainda não ficou demonstrada a comissão de um crime. Pode haver duas cenas primárias se dois cadáveres forem encontrados em dois locais diferentes e assim sucessivamente, que é o mais comum nas investigações de criminosos seriais. Junto a ela está a *cena do crime secundária ou cenas secundárias* e que costumam ter relação com o local de onde o cadáver foi trazido, o local onde a vítima faleceu, o local onde qualquer indício é descoberto, a rota de fuga seguida pelo agressor... Inclusive o suspeito e a vítima são considerados cena do crime secundária, porque seus corpos e roupas são suscetíveis de análise.

Os locais físicos onde o suspeito tenha estado em alguma fase dos acontecimentos ou em momentos próximos a eles são denominados *habitat*. Esse *habitat* pode corresponder a alguma cena secundária, mas também ao local de trabalho do agressor, seu domicílio, a casa de algum parente seu...

Em nosso ordenamento jurídico a investigação é de responsabilidade da Polícia Judicial, dirigida sempre por um juiz de instrução. Os policiais judiciais são investigadores treinados para esses trabalhos, e seu objetivo é conseguir todos os indícios possíveis respeitando a

Nem sempre os cadáveres se encontram em bom estado quando são encontrados pela polícia, o que dificulta a investigação.

legalidade vigente. Uma só lei que seja infringida ou uma falha nos protocolos de atuação a respeito dos indícios pode invalidar todo o processo e obrigar a soltura do ou dos possíveis suspeitos. Ocasionalmente, inclusive, a investigação pode ser arruinada definitivamente e o caso fechado com a etiqueta "não resolvido".

A cena do crime, também chamada de *local dos fatos*, é o ponto mais importante de uma investigação. Lembremo-nos daquele princípio de Locard, segundo o qual, quando alguém entra em contato com outra pessoa ou local, algo dessa pessoa fica atrás e algo é levado com ela. Isso quer dizer que é muito possível que o assassino tenha deixado algum rastro de sua presença na cena ou no próprio cadáver, talvez um fio de cabelo, uma fibra ou uma marca com suas digitais, quem sabe.

Um dos grandes problemas nesse ponto é delimitar a cena. Onde estão seus limites? Se acharmos um cadáver em uma área de floresta, por exemplo, onde colocaremos a faixa "não ultrapassar"? Em um espaço fechado a resposta é fácil, mas e em um local aberto? O senso comum e a experiência nos ditarão como estabelecer esses limites e também o raio da possível ação do criminoso. Uma vez delimitada a cena, ninguém, absolutamente ninguém, pode entrar nela,

Cena do crime delimitada.

à exceção dos membros da polícia científica. Esses devem levar em conta uma série de critérios básicos:

- por mais rápido que cheguem, os elementos atmosféricos ou animais, se se estiver ao ar livre, podem mexer nas evidências da localização original.
- os indícios podem passar despercebidos.
- o recolhimento dos indícios exige muita paciência, pois são muito frágeis.
- nossa presença na cena já é uma forma de contaminação, motivo pelo qual deverão se movimentar o menos possível.

Em geral, denomina-se contaminação a presença em um meio de uma substância não desejada. A água da chuva, o pó que o vento arrasta, nossas escamas de pele são fatores contaminantes. O problema é quando caem ou entram em contato com elementos biológicos importantes para a investigação, como rastros de saliva, de sêmen ou de sangue. Se a contaminação for importante, o DNA desses indícios pode ser invalidado. Em outros casos, mais que uma contaminação, se produz uma degradação, como a água da chuva que destrói um papel até deixá-lo inútil. Um objetivo primordial será evitar a todo custo tal contaminação. Quem entra na cena para recolher amostras o fará protegendo-se com uma roupa de plástico que cubra o corpo

Segundo passo após a descoberta da cena do crime: sua fotografia completa em planos gerais e primeiros planos dos elementos importantes presentes na mesma.

todo, além de um gorro que evite a queda de cabelos, luvas também de plástico e cobertor de sapatos do mesmo material.

Continuemos com a narração. Temos um cadáver e já isolamos a cena do crime. Quanto menos pessoas houver, melhor, e sempre com a constância de seus nomes, caso haja a necessidade de realizar testes de DNA para descartar sua participação no crime.

O criminólogo francês Bertillon, pai da Antropometria, afirmava que "somente se vê o que se olha e somente se olha o que se tem em mente". E é uma grande verdade. Por esse motivo, antes de investigar a cena devemos saber muito bem o que estamos procurando ou que tipo de indícios queremos encontrar, porque, do contrário, podemos descartar elementos muito importantes.

A primeira análise é a cena do crime em sua totalidade. Em uma caderneta anotaremos a disposição dos objetos presentes nela, a postura do cadáver e as distâncias entre eles. Tiraremos fotografias gerais e detalhadas do local e não tocaremos em nada, a não ser que seja imprescindível para localizar outro indício.

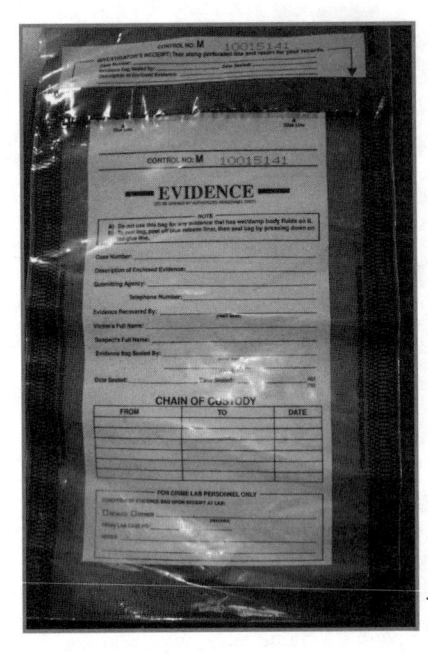

Sacola para o recolhimento de provas e formulário adjunto que assegura o cumprimento da cadeia de guarda.

Estaremos na segunda fase, a do recolhimento dos indícios. Cada um deles deve ser fotografado antes de ser recolhido. Em seguida, esses são preservados em uma bolsa hermética e se preenche um formulário constando a hora, a data, o local, o tipo de indício que é e a pessoa que procedeu com seu recolhimento. Esse último dado é muito importante porque está relacionado com a cadeia de guarda.

A lei obriga que todos os indícios sejam guardados por alguém até sua presença no julgamento. Dessa forma, tem-se a certeza de que ninguém os manipulará nem perderá, e, se isso acontecer, a pessoa que consta como sendo a última na cadeia de guarda será a responsável. Cada vez que o indício passa de uma pessoa para outra seu nome deve ser anotado.

Os indícios devem ser levados o mais rápido possível ao laboratório correspondente para sua análise ou preservação em ambientes adequados.

É claro que esquematizei ao máximo todo o processo, já que, dependendo de qual indício estivermos falando, seu recolhimento é efetuado de modo diferente. Recolher um fósforo do chão não é o

Furgão da Polícia Científica da Polícia Nacional. Seus integrantes são os encarregados de recolher os indícios nas cenas do crime e preservá-los para sua correta entrega no laboratório correspondente.

mesmo que extrair pó de maquiagem das unhas do cadáver, e tampouco extraí-lo de uma superfície absorvente é o mesmo que extraí-lo de outra não absorvente. Do mesmo modo, tampouco recolher amostras de cadáveres é o mesmo que de pessoas vivas, e muito menos fazê-lo de cadáveres recentes é o mesmo que de outros antigos.

O leitor terá percebido que falei de indícios e não de provas. A explicação é simples. Em criminalística, indício faz referência a um objeto relacionado ao crime, e a prova é a certeza clara e manifestada da qual não se pode duvidar. Se encontrarmos uma faca ensanguentada e com digitais, a faca em si é o indício e o sangue e as digitais a prova de que alguém a empunhou e que alguém saiu ferido. Por esse motivo, em uma cena de crime somente se deve falar de indícios, já que ainda nenhum especialista procedeu com a análise do recolhido.

O perfil criminoso

Uma vez recolhidos todos os indícios que possam ser importantes para a feliz resolução do caso, estes são enviados aos laboratórios correspondentes, dando a participar da investigação diferentes seções enquadradas nas chamadas ciências forenses.

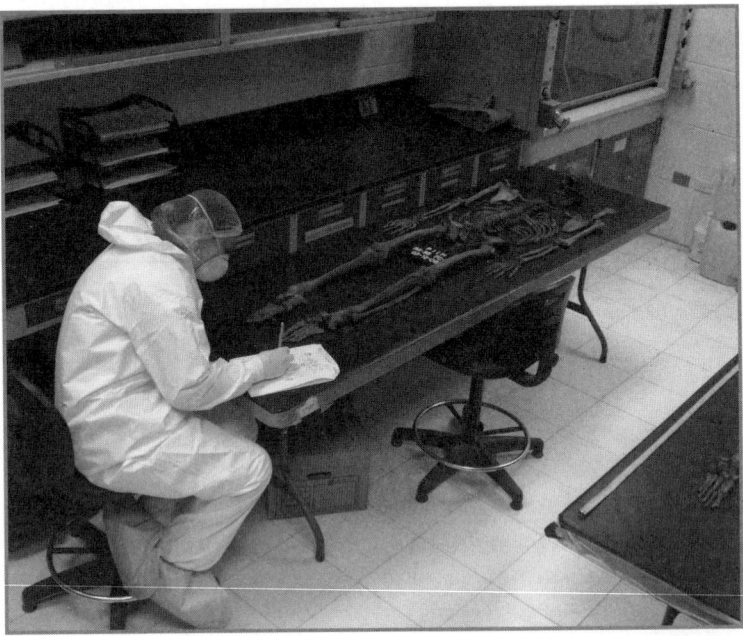

Em muitas investigações o estudo do esqueleto humano é a única via possível para descobrir a identidade da vítima.

Existem muitas delas, mas eu quero mencionar as mais usuais para que se possa perceber que uma investigação criminal é, na realidade, uma tarefa multidisciplinar na qual todos os seus elementos são importantes. Essa soma de ciências forenses é o que comumente conhecemos como Criminalística, e sua finalidade é determinar de que forma se cometeu um crime e quem o cometeu.

Aí está, para começar, a antropologia forense, disciplina que se encarrega de estudar o osso humano, suas mudanças ao longo da vida, suas mudanças em cada parte do mundo. O objetivo dos antropólogos forenses consiste em limpar o corpo de todo tecido mole para começar a descobrir pacientemente qualquer possível marca deixada no osso: uma navalhada, um traumatismo, uma perfuração... "A carne se decompõe; os ossos perduram", é uma das frases que esses especialistas mais gostam de dizer.

Sua entrada em uma investigação costuma acontecer quando um corpo é localizado em tão avançado estado de decomposição que somente a análise de seus ossos permite extrair dados claros e precisos,

Corpos humanos disseminados para estudar seu processo de putrefação a céu aberto.

incluídos idade, sexo, raça e altura do cadáver. O primeiro caso em que essa disciplina foi utilizada para resolver um crime ocorreu em 1849, com o desaparecimento de um doutor e professor de anatomia da Universidade de Harvard, George Parkman.

É muito curioso constatar que, mesmo que pensemos que essas ciências, também chamadas técnicas, sejam antigas, não o são. A maioria iniciou sua caminhada em meados e final do século XIX, alcançando a maioridade no século XX. A introdução da informática foi a última revolução que experimentaram, e o futuro nos trará enormes surpresas que ainda não conseguimos prever. Neste momento os *scanners* corporais estão substituindo as autópsias manuais em determinados casos e já se está trabalhando em robôs capazes de analisar a cena de um crime e fotografá-la detalhadamente, para evitar que as pessoas contaminem involuntariamente os possíveis indícios.

Na mesma época em que o dr. George Parkman desapareceu, alguns insetos ajudavam a resolver o mistério de um bebê mumificado encontrado na chaminé de uma casa nos arredores de Paris. É 1855 e a autópsia realizada pelo dr. Bergeret d'Arbois mostra que a morte havia ocorrido quase dez anos antes, em 1848. D'Arbois chegou a tal conclusão após observar a série de insetos que haviam estado no cadáver e nos restos depositados nele. A polícia se convenceu pelas provas exibidas e prendeu dois moradores da casa naquele 1848, que foram acusados de assassinato. Nascia a entomologia forense.

Hoje seus especialistas são requeridos para certificarem a hora da morte quando esta não pode ser extraída por outras vias. O procedimento é muito simples e consiste em recolher todos os insetos e larvas presentes no cadáver, tanto sobre ele quanto ao seu lado e dentro e embaixo dele. Como os entomologistas forenses conhecem perfeitamente quais tipos de insetos são atraídos a um corpo para se alimentar dele e em qual instante do processo de decomposição o fazem, eles têm somente de voltar no tempo prestando atenção nos espécimes recolhidos.

Para compreendê-lo graficamente, suponhamos que no cadáver tenhamos recolhido uma larva de mosca azul deixada ali por um hospedeiro. Sabemos que as moscas azuis levam de duas a quatro horas para chegar ao cadáver e que, uma vez que se alimentam, deixam depositados nele suas larvas. Se uma larva de mosca azul leva 48 horas para eclodir, já no laboratório somente teremos de observar quanto tempo leva para fazê-lo desde seu recolhimento no corpo. Em seguida, teremos de diminuir esse tempo das 48 horas normais para deduzir há quanto tempo a vítima estava morta.

Claro que nem tudo é tão simples, e, assim como acontece no resto das ciências forenses, sempre surgem imprevistos.

Outra das técnicas mais comuns é a balística, entendida como a ciência que estuda a identificação das armas de fogo empregadas em um crime e a trajetória dos projéteis utilizados. É desnecessário dizer que a balística não está presente em todas as investigações criminais, e ainda menos nas dos assassinos em série, já que estes preferem usar armas brancas ou suas próprias mãos para acabar com a vida de suas vítimas. No entanto, a própria evolução dessa ciência gerou um pseudorramo, se me permitem essa expressão, que pretende identificar as armas brancas utilizadas no crime pelas marcas deixadas no osso, já que também elas deixam um rastro próprio e intransferível. E assim, as facas de dois gumes deixam marcas com duas incisões a cada lado da ferida, as facas simples criam feridas em forma de quilha de barca e as de serra dentada, um corte irregular na pele.

Ainda poderia falar da datiloscopia, das análises de DNA, da marca bucal, dos otogramas, do envelhecimento facial mediante computador, da acústica forense, do estudo das fibras, da lofoscopia,

Os assassinos seriais preferem utilizar armas brancas, porque lhes permitem estar mais próximos de suas vítimas e palpar seu medo.

da grafística, da identificação antropológica-radiológica... Técnicas implantadas nas sociedades avançadas e cuja missão sempre é a mesma: esclarecer a verdade do crime e responder às típicas perguntas sobre quem o cometeu, quando e como.

Responder o porquê é mais o trabalho dos perfiladores criminais, profissionais intimamente ligados ao mundo dos assassinos seriais e pouco conhecidos em nosso país, porque é nos de língua anglo-saxã que seu trabalho é amparado e regulado por seus respectivos governos e por órgãos tão prestigiosos como o FBI ou a Scotland Yard.

Basicamente a técnica da perfilação criminal consiste em elaborar um esboço físico e psicológico, o mais próximo possível, do acusado por um determinado crime. Robert Ressler, bom conhecido nosso, é um dos maiores especialistas mundiais nessa técnica. Ele a define como a técnica que permite "elaborar um mapa da mente do assassino". A ideia é que, se o investigador consegue pensar como ele, sentir o que o assassino sente, será capaz de adiantar-se ao seu próximo movimento e chegar a capturá-lo. "Caso se consiga entrar na mente de um criminoso, é possível entender e predizer seu próximo passo", afirma Ressler.

A perfilação criminal está intimamente ligada aos assassinos seriais porque a repetição é o que permite vislumbrar se existe uma pauta. Nossos atos dizem muito sobre nós, mas, para saber realmente se um ato foi fruto do destino ou, pelo contrário, responde a critérios pessoais, é necessário que se repita. Os perfiladores buscam essa repetição, esses atos que digam algo sobre a mente do criminoso, suas motivações, suas frustrações... Para isso analisam a cena do crime, a vítima, os resultados da autópsia e o restante dos dados associados ao caso e inclusive a caligrafia de documentos escritos pela pessoa que se pretende calibrar. Tudo para fazer uma composição do local e do criminoso.

Contra a crença comum, os perfiladores não costumam ir às cenas dos crimes, não ao menos em um primeiro momento. Trabalham em seus escritórios, nos quais chegam todos os documentos solicitados. No caso americano é o FBI que forma esses especialistas. Em sua base em Quantico lhes é ensinado a despertar seu lado crítico e racional, as bases dessa metodologia. O agente deve aprender a extrair todos os dados possíveis da cena do crime e do cadáver por meio da observação e da dedução.

O bom perfilador pode chegar a conhecer o sexo, a idade, os antecedentes pessoais e familiares, as fantasias, desejos e frustrações da pessoa que tentam pegar. E inclusive a forma de vestir-se e seu aspecto físico. Célebre é o caso de George Metesky, o *Louco das bombas*, que aterrorizou entre 1940-1956 os habitantes de Nova York colocando sucessivamente bombas caseiras em diferentes lugares. Em 1956, o dr. James A. Brussel, psiquiatra consultor do sistema de saúde mental da cidade, realizou um perfil psicológico sobre a pessoa que a polícia procurava. Em seu relatório falou de um homem "solteiro, entre 40 e 50 anos, mecânico hábil, eslavo e religioso..." e inclusive disse que, quando fosse preso, estaria usando uma camisa de duplo peitilho abotoada. E, de fato, quando o *Mad bomber* foi preso, em 1957, estava usando uma camisa de duplo peitilho abotoada. O restante dos dados passados pelo dr. Brussel também corresponderam com a realidade. Brussel só havia racionalizado os dados apresentados. Se são bombas caseiras, significa que o homem que as criou é habilidoso e que tem acesso a elementos eletrônicos. Se precisa de tempo para confeccioná-las, significa que dispõe de um local exclusivo para ele, longe dos olhares indiscretos ou que não tem família...

Para compreender os rudimentos dessa técnica, vou centrar-me em um caso que tirou o sono, durante anos, das autoridades da África do Sul e que terminou com a prisão do, até hoje, maior assassino serial daquele país.

Em outubro de 1986, haviam se iniciado uma série de assassinatos de jovens perto da Cidade do Cabo. A polícia tinha cinco corpos de meninos negros com idades entre 11 e 15 anos pertencentes a diferentes tribos. A peculiaridade residia em que todos haviam sido sequestrados em plena luz do dia e perto da estação de trem. Os cadáveres apresentavam as mãos amarradas nas costas com sua própria roupa e haviam morrido estrangulados ou asfixiados, enfiando sua boca na areia. Haviam sido sodomizados e o assassino deixava suas roupas íntimas perto dos corpos.

Em um primeiro instante se trabalhou com a hipótese de um motivo racial, por causa da tensa situação que o país vivia naquela época, porém testemunhas afirmaram ter visto uma das crianças subir no carro de um homem negro.

Entre 1986 e 1993, aquela personagem sinistra acabou com a vida de ao menos nove meninos. Os jornais lhe deram o apelido de *O estrangulador da estação*. O mais estranho era que o assassino não agia com uma periodicidade determinada. Se os primeiros crimes ocorreram em 1986, estes cessaram no final daquela década para reiniciarem no início de 1994. Quando se fez patente que *O estrangulador da estação* havia recomeçado a matar, a população negra mostrou sua indignação. Todos acreditavam que a polícia podia fazer muito mais e que, se se tratasse de vítimas brancas, o assassino teria sido preso há muito tempo.

Como digo, fazia anos que não existiam novas vítimas, mas em janeiro de 1994, e em um intervalo de dez dias, apareceram meia dúzia de cadáveres perto do Cabo. Alguns ao lado de uma bifurcação de trem, outros mais ao sul. Quase todos haviam desaparecido em uma segunda-feira. Por essas coisas da vida, em 23 de janeiro, um grupo de crianças esteve a ponto de pegar o possível criminoso.

Cena do crime já limpa de provas.

Voltavam do almoço quando viram um homem negro e de aspecto suspeito que esperava perto do colégio. Elas avisaram seus professores, todos se dirigiram a ele, conseguindo unicamente que fugisse precipitadamente. Enquanto o perseguiam, encontraram os corpos meio descompostos de dois jovens desaparecidos dias antes.

As forças de segurança varreram a área procurando possíveis rastros do suspeito e, talvez, novos cadáveres. A população se uniu na busca com armas em punho e os ânimos mais exaltados do que nunca. Foi então, que na calça de uma das vítimas, encontrou-se uma nota deixada supostamente pelo assassino que dizia: "Mais um. Ainda faltam muitos".

O autor enumerava esse jovem como sua vítima 14, o que era correto. Esse foi o motivo pelo que se deu credibilidade à prova, já que somente alguém muito imerso na investigação poderia saber esse dado. Como se fosse pouco, o investigador encarregado do caso, Reggie Schilder, recebeu um telefonema anônimo advertindo-o de que haveria mais 14 assassinatos. A mesma pessoa ligou para as mães de alguns dos jovens para rir delas. Dias depois, era encontrada outra possível prova, um pedaço de corda de náilon de cor laranja com um nó de laço.

Com todos esses dados, a polícia trabalha com a hipótese de que o assassino foi um professor, um advogado ou um policial. Foram entrevistados mais de 600 suspeitos e centenas de possíveis testemunhas, mas nada foi descoberto. Então se encontrou outra pista junto a uma das vítimas: um bloco de notas com versos obscenos e anotações mórbidas sobre o romance *O sol é para todos*. Se as anotações eram do assassino, mostravam que este começava a brincar com a polícia, deixando anotações para rir dela. Até o momento o criminoso não havia deixado marcas porque era sabido que se movimentava a pé e porque enterrava os corpos em locais de difícil acesso, mas agora tudo levava a crer que estava começando a se sentir temerário, uma vantagem enorme para os investigadores.

A polícia decidiu não publicar um dado muito relevante. Existiam provas de que o assassino voltava ao local dos crimes muito tempo depois de tê-los cometido. Soube-se disso porque junto aos cadáveres muito descompostos foram encontradas garrafas de vinho e de cerveja bastante recentes. Também era sabido que o assassino iniciava uma série de assassinatos, que parava durante uma breve temporada e que logo voltava a matar.

Com todos os dados reunidos até então, a psicóloga clínica Micki Pistorius, que naquela época estava terminando sua tese de doutorado sobre os assassinos em série, elaborou um perfil criminoso do agressor. Pistorius acreditava que se tratava de um psicopata organizado que selecionava suas vítimas entre jovens "puros", entre estudantes, em vez de crianças de rua mais dispostas a oferecer sexo por dinheiro.

Seria um homem negro entre 25 e 37 anos de idade, solteiro ou talvez divorciado. Provavelmente moraria com outras pessoas, familiares ou amigos, e se morasse sozinho deveria estar rodeado de vizinhos muito próximos que saberiam sempre de seus movimentos.

Também o qualificou de inteligente, bilíngue (dominaria sua língua tribal e o africâner) e elegante. Alguém que prefere usar gravata. Seu aspecto não chamaria a atenção e sua profissão, se trabalhasse, seria a de policial, professor ou padre. Trabalharia pelas manhãs, frequentando as estações de trem e salas recreativas à tarde. Muito provavelmente teria antecedentes por sodomia, furto ou roubo.

Pistorius também deu a entender que era alguém solitário, que preferia tratar com crianças antes que com adultos e que rejeitava as figuras de autoridade. Não descartava pagar um cúmplice que desconhecia estar tratando com um assassino e que, quase com certeza, teria algum álbum com recortes das notícias sobre os crimes.

No plano sexual não descartava que fosse casado ou que mantivesse uma relação sentimental com alguém, porém o sexo devia ser frustrante entre os dois, já que o homem preferiria a masturbação e a pornografia a estar com seu par. Um dado muito inquietante é que, de acordo com ela, o assassino matava para castigar a comunidade por não tê-lo ajudado quando ele tinha a mesma idade que suas vítimas.

Pouco depois de elaborar esse perfil, a polícia encontrou outro cadáver. Realmente o assassino havia ficado desleixado, porque um amigo da vítima pôde vê-lo perfeitamente conversando com o jovem antes de levá-lo e deu uma descrição detalhada do suspeito. Tratava-se de um homem de pele escura, penteado estilo afro, com uma cicatriz na bochecha e outra no lado oposto do rosto e debaixo do olho. Gaguejava um pouco e dominava o xhosa e o africâner. Os desenhistas realizaram um retrato falado que foi difundido pelos meios de comunicação. Apesar de ter havido muitas ligações, nenhuma foi especialmente relevante, até que uma clínica psiquiátrica da Cidade do Cabo ligou para informar que um homem muito parecido com o do retrato havia se internado na clínica nas datas que coincidiam com o encontro dos cadáveres.

Ao mesmo tempo, outro homem ligou porque suspeitava de seu vizinho, Norman Simons, professor de escola primária de 29 anos de idade. A polícia detia Simons. Já na delegacia, perguntaram-lhe sobre sua vida e foi então que os detetives comprovaram que o perfil realizado por Pistorius era um retrato do homem que tinham diante de si.

Simons morava com seus pais e a família havia sido muito pobre na juventude. Seu irmão era acusado de ter abusado sexualmente dele e seu emprego era de classe média, professor. Tinha uma voz suave, que inspirava confiança e gostava muito de crianças. Seu aspecto era pulcro e sua idade entrava na margem estipulada pela psicóloga. E, o mais importante, nos períodos em que não houve vítimas Simons realizava estágios de professorado. Trabalhava com grupos de crianças continuamente, mas em muitas ocasiões desaparecia, de acordo com ele, por fortes depressões. A única falha de Pistorius foi acreditar que o suspeito teria uma relação. Simons estava solteiro e não se relacionava com ninguém.

Pouco a pouco mais dados foram surgindo, como o que indicava que, quando criança, havia sofrido constantes humilhações por ser mestiço. "Todo mundo gostava dele, mas ele não acreditava. Pensava que a comunidade não o aceitava. Inclusive quando estava com seus amigos, sempre dava a impressão de manter uma distância", disse um amigo de infância.

Durante os interrogatórios, Simons confessou ser o autor dos crimes, mesmo não o tendo dito diretamente. Utilizava a terceira pessoa, e um exame psiquiátrico confirmou que se tratava de um esquizofrênico paranoide. Segundo disse, as vozes lhe ordenavam "falar com as crianças. Estas, inocentes, me ouviam e seguiam minhas instruções. Às vezes, parecia que essas forças agiam sobre as crianças para obrigá-las a ouvir. Nesses momentos, minha personalidade muda e sou capaz de fazer o mal [...] É duro, muito duro estar possuído por forças desconhecidas".

A hipótese do círculo

Exemplos como este têm provocado, em muitas ocasiões, a sensação de que a perfilação criminal é uma ciência exata, um método infalível com o qual os investigadores contam para prender o criminoso, mas não é. Seus inconvenientes residem no fato de que, se houver uma só falha do perfilador em seu relatório, esta poderá levar a polícia a procurar na direção errada, com o risco de que o criminoso cometa um novo assassinato. Por isso mesmo o FBI é muito exigente quando se trata de selecionar os futuros aspirantes a *profiler*.

É requisito obrigatório que sejam pessoas entre 30 e 45 anos, com intuição, capazes de separar seus sentimentos pessoais dos gerados por um crime, com pensamento analítico e estabilidade emocional e psicológica. Além disso, é importante ter conhecimento em psicologia ou psiquiatria, porém, paradoxalmente, não querem que

*O professor de psicologia da Universidade de Oxford e
pai da perfilação geográfica, David Canter.*

profissionais da saúde mental realizem perfis criminais sem que sejam membros da polícia ou do FBI.

Como nas outras ciências forenses, também a perfilação passou por avanços importantes e novos focos desde seu surgimento nos anos 1960 e 1970. Um dos mais importantes chegou da Inglaterra pelas mãos de David Canter, professor de psicologia da Universidade de Liverpool. Baseando-se em seus estudos de psicologia ambiental, Canter deduziu que um assassino em série não escolhe quase nenhum elemento por sorte. Por exemplo, a perfilação clássica dada pelo FBI dita que as vítimas selecionadas correspondem a um padrão comum significativo para o agressor. No caso de José Antonio Rodríguez Vega, o assassino de idosas de Santander, pessoas idosas por serem as únicas sobre as quais poderia exercer seu domínio machista; no de Santiago Sanjosé Pardo, o *Lobo feroz*, prostitutas que não o rejeitariam por seu aspecto físico... e assim sucessivamente.

O que Canter fez foi ampliar esse argumento em direção ao ambiente do criminoso, chegando à conclusão de que não somente a escolha das vítimas fornece dados sobre ele, mas também o lugar e o período do dia em que age. Dessa forma, o fato de um assassino matar habitualmente durante a noite ou no interior de um bosque nos transmite uma informação muito valiosa sobre sua personalidade e hábitos cotidianos, que devemos saber interpretar para pegá-lo. Para ele, um agressor serial conta uma história com seus atos, e é trabalho da polícia procurar a narração que o criminoso está nos relatando.

Por exemplo, se as agressões sempre acontecem de dia, pode ser porque o delinquente tenha família que o requer à noite; pelo contrário, se são desencadeadas a altas horas da madrugada, talvez seja porque desempenha um trabalho noturno, deva madrugar para ir ao trabalho ou mantenha uma vida solitária e carente de horários. O mesmo cabe dizer a respeito da escolha dos locais. Acabamos de constatar esse fato no caso do *Estrangulador da estação*, que só matava quando o tempo lhe permitia e sempre em horários muito concretos, fugindo de um possível seguimento por parte de seus vizinhos.

No entanto, onde realmente reside a novidade de Canter é na criação de um programa informático chamado Dragnet – "emboscada" ou "captura" no jargão policial. Para aplicá-lo basta introduzir no computador as localizações de todos os crimes cometidos por uma mesma pessoa. Após os cálculos oportunos, o Dragnet oferecerá um mapa com o desenho de um círculo englobando todos os cenários assinalados. Seu diâmetro resulta da medição da distância entre os dois cenários mais distantes entre si. A teoria dita que a base a partir de onde esse criminoso age se encontrará muito próxima do centro dessa circunferência. É o que ele veio a chamar de *hipótese do círculo*. E é o que foi aplicado com John Duffy, em 1985.

Nessa data, a zona norte de Londres vinha sofrendo havia três anos com ataques de uma pessoa chamada pela imprensa de o *Estuprador do trem*. O apelido lhe veio porque o criminoso atacava mulheres entre 15 e 19 anos, surpreendidas enquanto esperavam o trem nas plataformas solitárias. Após estuprá-las selvagemente, asfixiava-as ajudado por um torniquete elaborado com um pedaço de pau e uma corda. Apesar de não cuidar das cenas dos crimes, deixando rastros de sêmen e pequenas digitais, a Scotland Yard não sabia como avançar na investigação. A paciência terminou em 1985, quando em uma só noite um desconhecido atacou três mulheres.

Naquela época, o trabalho de Canter começava a ser conhecido e os inspetores o chamaram dizendo: "Pode nos ajudar a prender esse homem antes que ele mate novamente?". Apoiando-se nas declarações das poucas testemunhas presenciais, em relatórios sobre as cenas dos assassinatos e dos locais das agressões, esse professor inglês elaborou um perfil no qual apontava que o assassino era casado, não tinha filhos, levava uma vida matrimonial desgraçada e, o mais importante, que morava na área de Kilburn-Cricklewood, noroeste de Londres.

Quando, graças à sua ajuda, a Scotland Yard prendeu o criminoso, ficou demonstrado a veracidade de cada dado estipulado por Canter, incluindo seu domicílio. O assassino se chamava John Duffy e foi preso na casa onde morava com sua mãe dentro da área descrita.

O assassino do Rio Verde

Com sua tese, Canter proporcionou um novo impulso a uma técnica que promete dar muitas surpresas e que basicamente consiste em descobrir a psique de uma pessoa e as circunstâncias sociais que

O maior assassino serial da história dos Estados Unidos, Gary Ridgway, mais conhecido como o Assassino do Rio Verde.

a rodeiam por meio de seu comportamento. No entanto, a perfilação não é de modo algum a panaceia e sempre precisará do restante das disciplinas forenses em seu caminho. Mais que a solução, é uma ferramenta agregada com a qual a polícia conta para enfrentar os assassinos seriais.

Assim ficou demonstrado durante a investigação que levou à captura do *Assassino do Rio Verde*. Um caso especial por dois motivos principais. O primeiro, por se tratar do maior assassino serial da história dos Estados Unidos: 48 vítimas demonstradas, porém alguns dizem que possam ter sido 70. E, em segundo lugar, porque a polícia teve de recorrer à ajuda de outro assassino serial, Ted Bundy, para descobrir que tipo de pessoa deveriam procurar. Algo semelhante ao que nos é descrito no filme *O silêncio dos inocentes*, com Hannibal Lecter ajudando a localizar *Buffalo Bill*.

O Rio Verde é um rio que cruza diversos estados americanos e que serve de fronteira entre Washington e o Canadá. Seu leito é sinuoso e em alguns pontos serve de recreação para os habitantes das localidades que cruza. Uma dessas é Seattle, cidade ponteira e regada por múltiplos canais, famosa nos anais do crime por ser ali que agiu Ted Bundy, o protótipo de psicopata encantador do qual já falamos profusamente.

Em 15 de agosto de 1982, um homem que pescava no mencionado rio encontrou o corpo semissubmerso de uma mulher negra que se movimentava no ritmo calmo da corrente. Quando tentou içá-lo, perdeu o equilíbrio, caiu na água e então encontrou um segundo cadáver, também pertencente a uma mulher negra. À época os jornais da cidade não falavam de desaparecimentos, nem de mortes inexplicáveis, mas aqueles dois corpos mostraram que logo o fariam.

Quando os policiais vasculharam a área, localizaram um terceiro cadáver entre o mato. As autópsias revelaram que as três haviam morrido asfixiadas e que os dois corpos jogados ao rio tinham pedras introduzidas na cavidade vaginal. Os assassinatos estavam relacionados com o aparecimento de outros três cadáveres há um ano nos arredores do mesmo rio e já houve poucas dúvidas de que na área agia um assassino serial pouco conhecido. A primeira reação foi criar um grupo policial especial dedicado integralmente a esse caso e liderado pelos inspetores Dave Reichert e Richard Kraske.

Descobriu-se que todas as vítimas pertenciam ao ambiente da prostituição, e eles dirigiram seus olhares a essa classe. Os interrogatórios deram uma pista prometedora. Duas prostitutas afirmaram ter sido atacadas e raptadas pelo motorista de um caminhão branco e azul que as levou ao deserto e ali, ameaçadas por uma arma, as estuprou. Os agentes não demoraram em encontrar o caminhoneiro, um tal de Charles Clark, que confessou os dois estupros, porém não era o assassino que procuravam. Não custou muito corroborar seu álibi, porque durante sua prisão uma nova vítima apareceu.

Entre setembro de 1982 e abril de 1983, mais 14 mulheres desapareceram, todas com idades entre 15 e 25 anos, e do mundo da rua. Como acontece sempre nesses casos, a opinião pública não entendia a lentidão policial. Se sabiam que o assassino capturava suas vítimas entre prostitutas, por que era tão difícil pegá-lo? Foi então que o namorado de uma das jovens desaparecidas relatou ter visto sua namorada pela última vez discutindo calorosamente com o motorista

Manifestação popular contra Gary Ridgway, o assassino do Rio Verde.

de um caminhão preto, no qual subiu para ir embora. O jovem seguiu o caminhão temendo algo ruim, porém em um semáforo o perdeu de vista e a jovem jamais voltou. Por sorte, uma semana depois localizou o mesmo caminhão e o seguiu até que parou em uma casa que parecia ser o domicílio do motorista, chamou a polícia e esta identificou o proprietário como Gary Ridgway, que convenceu os investigadores de sua inocência negando inclusive conhecer a jovem de quem falavam.

Um mês depois, outro cafetão informou à polícia ter visto como sua namorada havia subido em um caminhão dirigido por um homem "cheio de furos". A jovem já não voltou a ser vista e, inexplicavelmente, o grupo especial não foi capaz de relacionar esse testemunho com o anterior, apesar de que ambos falavam de um caminhão preto e de um chofer cuja descrição correspondia à de Gary Ridgway.

Ultrapassados pelos acontecimentos, decidiram solicitar a ajuda de Robert Keppel, famoso investigador com grande experiência no mundo dos assassinos seriais por ter colaborado na captura de Ted Bundy. Keppel aceitou a oferta e, quando os relatórios foram apresentados, constatou que a investigação sofria de uma enorme falta de coordenação e rigor no tratamento dos dados e das pistas obtidas. Enquanto isso, os cadáveres continuavam aparecendo nas margens do Rio Verde. O último foi o de Carol Ann Christensen, de 21 anos de idade, que o assassino havia disposto para causar comoção nos investigadores. Carol tinha um peixe colocado em cima do seu pescoço e outro no seu seio esquerdo, mais uma garrafa meio introduzida na vagina.

Contra as esperanças criadas, Keppel também não conseguiu importantes avanços, mas foi capaz de apontar algo no perfil do criminoso. Graças a ele soube-se, por exemplo, que o assassino recorria a diversos locais fixos para depositar os cadáveres, como escoadouros ilegais; que as vítimas eram capturadas principalmente no bairro chinês e no centro da cidade, e que odiava as prostitutas por algum motivo ainda desconhecido. Além disso, conseguiu-se obter a impressão de um de seus sapatos junto ao cadáver de uma das vítimas.

Ainda assim, 1983 transcorreu com mais nove mortes e, quando se aproximava um novo e fatídico ano, Keppel recebeu uma carta inesperada. Era assinada por Ted Bundy de sua cela na Flórida, e oferecia sua ajuda na resolução do caso em troca de tempo. Bundy já havia sido condenado à pena capital e a data da execução se aproximava de forma inexorável. Com essa oportunidade acreditou em um meio de atrasar esse dia e talvez, quem sabe, uma revisão da pena por boa colaboração. A oferta é tentadora, mas Keppel sabe como ninguém que não pode confiar em um psicopata como Bundy, capaz de mentir e manipular quem quer que seja para conseguir seu próprio benefício. No entanto, aceita e, naquelas conversas com Bundy, este lhe dá dados muito interessantes.

> Acredito que seu homem faça parte da subcultura de onde vêm essas mulheres. Ele se mexe por aí como o peixe n'água [...]. Conhece bem o ambiente, os bares, as pessoas que consomem droga, os locais onde se escondem as pessoas que fogem por qualquer motivo. A pessoa que procura controla todos esses locais e os frequentadores daí, e sabe como manipulá-los. Além do mais, acredito que tem a habilidade de não parecer cliente de prostitutas [...]. De certo modo é um preguiçoso, mas também é astuto, porque nenhuma vítima escapou de suas mãos. Esse cara pensa com muito cuidado. Pode ser que não seja muito sofisticado, mas dê-lhe tempo e verá como melhora. E,

se pensar que tem de mudar de vítimas, então ele o fará. Mas agora sabe que tem todas as chances de ganhar porque está consciente das dificuldades que a polícia tem para investigar prostitutas desaparecidas [...]. Quem quer que seja o *Assassino do Rio Verde*, é um cara normal. Qualquer um poderia fazer isso.

De tudo o que Bundy disse, Keppel ficou com um conselho, em particular, na cabeça: "Procurem alguém normal. Quando vigiarem as áreas de prostitutas, não procurem somente as pessoas que estiverem em carros, já que ele pode ter deixado seu veículo nos arredores".

Quando 1985 chegou, o número de cadáveres localizados subia a 31 e, em 1986, a 40. No início de 1987, a polícia utilizou uma agente como isca e a armadilha surtiu efeito. Um homem que tentou arrastar a mulher pela força até seu automóvel chegou. Nesse instante foi preso. Foi submetido ao polígrafo e, como os resultados não foram conclusivos, tiveram de liberá-lo. Seria um dos investigadores, Matt Haney, quem se interessaria mais por esse homem, descobrindo que já havia sido interrogado em duas ocasiões pelos assassinatos investigados e que algumas testemunhas o haviam reconhecido como o motorista misterioso que acompanhou várias prostitutas antes de seu desaparecimento.

Graças a esse policial tenaz, o cerco foi se fechando. Uma de suas ex-mulheres confirmou que o suspeito gostava de ir às áreas onde haviam aparecido vários cadáveres e algumas prostitutas o reconheceram como cliente habitual. Verificando seus horários de trabalho como pintor de caminhões, descobriu-se que os dias que folgava coincidiam com as datas dos desaparecimentos. Estava claro, era o homem que procuravam. Seu nome, Gary Ridgway.

Em abril de 1987, entraram em sua casa com um mandado judicial e recolheram diversas provas que realmente não diziam nada, motivo pelo qual o cerco voltou a se abrir. No mês seguinte, apareceram mais três cadáveres e, em 1991, o número de mortas subia para 49, mas, como não havia denúncias de novos desaparecimentos, ficava claro que estavam se encontrando corpos assassinados há muito tempo. O tempo passava sem nenhum tipo de avanço e, como já não havia mortes, foi decretada a dissolução do grupo especial enquadrando seus membros em novos destinos. O de Dave Reichert foi o condado de King, com o cargo de chefe de polícia.

Em 2001, quase ninguém se lembrava do *Assassino do Rio Verde*. Na última década não haviam aparecido mais cadáveres e as mortes pareceram um pesadelo do passado. O único que não esquecia era Dave Reichert, disposto a aproveitar a mínima oportunidade para reabrir o caso. E essa oportunidade chegou naquele mesmo ano graças a uma nova técnica, conhecida como análise do DNA, que começava a ser implantada pela polícia. Reichert se empolgou com ela e reuniu seus antigos colaboradores para ver se o DNA caberia na investigação inacabada. E sim, cabia. Foram extraídos restos de sêmen ainda conservados em bom estado de ao menos três cadáveres. As amostras foram enviadas a laboratórios forenses e os resultados não puderam ser melhores: o DNA correspondia ao de Gary Ridgway!

Dessa vez Ridgway não pôde mentir sobre as evidências e confessou só ter assassinado 48 mulheres. Também explicou que a causa de que a partir de 1987 tivesse diminuído sua intensidade homicida se devia a que, após o registro de seu domicílio, sentiu a polícia muito próxima de pegá-lo.

O caso do *Assassino do Rio Verde* foi excepcional em muitos sentidos. Sua mensagem mais esperançosa consistiu em demonstrar que a ciência unida à tenacidade dos investigadores é hoje o grande medo dos assassinos seriais.

Epílogo

O fenômeno do assassino serial é um dos grandes desafios que a sociedade deverá enfrentar neste século XXI. Não será fácil porque muitas pessoas pereceram no caminho: crianças, mulheres, jovens... as vítimas mais propícias para esses predadores humanos. Nossos inimigos, além do próprio criminoso, serão a preguiça social diante desse problema, a falta de consciência institucional, a covardia de alguns políticos, a ausência de leis e políticas amparadoras da cidadania. E são poderosos inimigos.

Quando o próximo caso de assassinato serial sair à luz, teremos a sensação de tê-lo vivido antes. Não estaremos errados. Os meios de comunicação voltarão a falar de alguém que assassina pessoas selecionadas de um grupo com especial significado para ele. De alguém que seus vizinhos qualificaram como solitário, mas não problemático. De alguém incapaz de enfrentar seus problemas, de alguém que não se relacionava muito com as pessoas ao seu redor, de alguém cuja vida não havia sido fácil. Será outra história de assassinos seriais. Mais uma, semelhante às presentes neste livro.

Porém, se pararmos para pensar um instante, observaremos que essa repetição é uma grande vantagem para nós, porque o fato de os assassinos seriais apresentarem um mesmo esquema mental os torna previsíveis. E, se são previsíveis, poderemos tomar medidas para evitar que as mortes aconteçam. Só precisamos entrar mais em suas mentes, estudar mais profundamente o processo que leva alguém a se tornar um assassino sem piedade.

Essa será a tarefa dos políticos e especialistas da saúde mental. Nós teremos outra e consistirá em melhorar a sociedade a partir da base. Nossa missão será educar nossos filhos na igualdade, ensinando-os o bem e o mal, tornando-os seres morais, dando-lhes uma escala de valores indestrutíveis e em cujo topo se encontrem o respeito pela vida humana, a defesa do mais fraco e o trato respeitoso em relação a nossos semelhantes, sem nenhuma distinção.

Atualmente, nossa sociedade premia o mais forte. Quem consegue o sucesso rápido é um modelo a ser seguido. O dinheiro é o objetivo, a fama é a meta. Somente olhamos para os vencedores e esquecemo-nos dos que ficaram para trás. Não percebemos que, para que alguém triunfe, outros devem fracassar. Precisamente o tipo de sociedade, o esquema mental, com que os psicopatas se sentem mais à vontade.

Devemos mudar essa mentalidade. Não digo que temos de repudiar os triunfadores, a competitividade é boa sempre que não seja levada ao extremo. O que digo é que não nos esqueçamos daqueles que não alcançaram esse sucesso tão bem visto socialmente. Ninguém deve ser mais do que ninguém e nenhuma pessoa tem o direito a mais atenções que outra. Além disso, onde está o sucesso? Por acaso alguém é melhor sucedido porque construiu um *holding* de empresas do que um casal que com esforço e muitas privações conseguiu educar bem seus filhos? Por que privilegiamos o primeiro exemplo sobre o segundo?

Se não pensarmos melhor sobre essas questões, tenderemos a privilegiar os valores que conformam a psicopatia: a manipulação, as emoções superficiais, a desumanização do próximo, a busca por sensações rápidas, a falta de empatia... E, então, teremos perdido a batalha de antemão.

Este será nosso grande desafio para o futuro: progredir em atitudes que não firam o próximo, o vizinho, o amigo, o desconhecido da calçada em frente, a pessoa que mora em outro país.

Como bem disse em uma ocasião o professor de antropologia Elliot Leyton, uma civilização paga um trágico preço se ensina aos seus cidadãos alguns destes conceitos:

- que a violência tem uma beleza e nobreza meritórias;
- que é aceitável degradar ou maltratar alguém pertencente a uma classe social ou étnica determinada;

- que a riqueza e o poder são as únicas coisas que importam;
- que ganhar é glorioso e perder desonroso;
- que o sofrimento dos outros é por culpa deles mesmos, não nossa.

Está em nossas mãos evitá-lo.

Se alguém quiser entrar em contato com a autora, pode escrever para este endereço de correio eletrônico: janire23@hotmail.com

---

Nota do Editor

A Madras Editora não participa, endossa ou tem qualquer autoridade ou responsabilidade no que diz respeito a transações particulares de negócio entre o autor e o público.

Quaisquer referências de internet contidas neste trabalho são as atuais, no momento de sua publicação, mas o editor não pode garantir que a localização específica será mantida.

Bibliografia

BEAVAN, Colin. *Huellas dactilares*. Barcelona: Alba Editorial, 2003.
BERBELL, Carlos; ORTEGA, Salvador. *Psicópatas criminales*. Madrid: La Esfera de los Libros, 2003.
CORNWELL, Patricia: *Retrato de un asesino*. Madrid: Ediciones B, 2003.
CULLEN, Tom. *Otoño de terror*. Barcelona: Círculo de Lectores, 1972.
DONIS, Marisol. *Envenenadoras*. Madrid: La Esfera de los Libros, 2002.
ETXEBERRÍA, Paco. *Manual de Medicina Legal y Forense*. Valencia: Tirant Lo Blanch, 2000.
GARCÍA-ANDRADE, José Antonio. *De la estirpe de Caín*. Madrid: Temas de Hoy, 2004.
_____. *Crímenes, mentiras y confidencias*. Madrid: Temas de Hoy, 2002.
GARRIDO, Vicente. *La mente criminal*. Madrid: Temas de Hoy, 2007.
_____. *Contra la violencia*. Barcelona: Algar, 2002.
_____. *Amores que matan. Acoso y violencia contra las mujeres*. Barcelona: Algar Editorial, 2001.
_____. *El psicópata*. Barcelona: Algar Editorial, 2000.
GODWIN, Maurice. *El rastreador*. Barcelona: Alba Editorial, 2006.
LEE, Goff. *El testimonio de las moscas*. Barcelona: Alba Editorial, 2002.

LEESON, Benjamin. *The memoirs of an East End detective*. Londres: Stanley Paul&Co., 1900.
LEYTON, Elliott. *Cazadores de humanos*. Barcelona: Alba Editorial, 2005.
LÓPEZ, José María. *Crónica negra del siglo XX*. Madrid: Libsa, 2003.
LORENTE, José Antonio. *Un detective llamado ADN*. Madrid: Temas de Hoy, 2004.
MACNACHTEN, Melville. *Days of my years*. Londres: Edward Arnold, 1914.
MARLASCA, Manuel; RENDUELES, Luis. *Así son, así matan*. Madrid: Temas de Hoy, 2002.
_____. *Mujeres letales*. Madrid: Temas de Hoy, 2004.
MARTÍNEZ, Fernando. *Crímenes sin castigo*. Madrid: Temas de Hoy, 2002.
MAUROIS, André. *Historia de Inglaterra*. Barcelona: Círculo de Lectores, 1970.
MUCHEMBLED, Robert. *Una historia de la violencia*. Madrid: 2010.
PLATT, Richard. *En la escena del crimen*. Londres: Pearson Alhambra, 2003.
PESCE, Andrea. *Asesinos seriales*. Barcelona: Círculo Latino, 2003.
RÁMILA, Janire. *La ciencia contra el crimen*. Madrid: Nowtilus, 2010.
_____. *La maldición de Whitechapel*. Málaga: Aladena, 2010.
RAMOS, Carlos. *Grafología, sexualidad y pareja*. Madrid: Ediciones Xandró, 2001.
REDONDO, Santiago; STANHELAND, Per; GARRIDO, Vicente. *Principios de Criminología*. Valencia: Tirant lo Blanch, 2001.
RESSLER, Robert. *Asesinos en serie*. Barcelona: Ariel, 2005.
_____. *Dentro del monstruo*. Barcelona: Alba Editorial, 2005.
THOMSON, Basil. *La historia de Scotland Yard*. Madrid: Espasa Calpe, 1937.
VV. AA. *Manual diagnóstico y estadístico de los trastornos mentales* DSM-IV. Barcelona: Masson, 1995.

MADRAS® Editora

CADASTRO/MALA DIRETA

Envie este cadastro preenchido e passará a receber informações dos nossos lançamentos, nas áreas que determinar.

Nome _____
RG _____ CPF _____
Endereço Residencial _____
Bairro _____ Cidade _____ Estado ____
CEP _____ Fone _____
E-mail _____
Sexo ❑ Fem. ❑ Masc.   Nascimento _____
Profissão _____ Escolaridade (Nível/Curso) _____

Você compra livros:
❑ livrarias   ❑ feiras   ❑ telefone   ❑ Sedex livro (reembolso postal mais rápido)
❑ outros: _____

Quais os tipos de literatura que você lê:
❑ Jurídicos   ❑ Pedagogia   ❑ Business   ❑ Romances/espíritas
❑ Esoterismo ❑ Psicologia   ❑ Saúde   ❑ Espíritas/doutrinas
❑ Bruxaria   ❑ Autoajuda   ❑ Maçonaria   ❑ Outros:

Qual a sua opinião a respeito desta obra? _____
_____

Indique amigos que gostariam de receber MALA DIRETA:
Nome _____
Endereço Residencial _____
Bairro _____ Cidade _____ CEP _____

Nome do livro adquirido: **Predadores Humanos**

Para receber catálogos, lista de preços e outras informações, escreva para:

MADRAS EDITORA LTDA.
Rua Paulo Gonçalves, 88 – Santana – 02403-020 – São Paulo/SP
Caixa Postal 12183 – CEP 02013-970 – SP
Tel.: (11) 2281-5555 – Fax.:(11) 2959-3090
www.madras.com.br

Este livro foi composto em Times New Roman, corpo 12/14,4.
Papel Offset 75g
Impressão e Acabamento
Neo Graf Ind Gráfica e Editora
Rua João Ranieri, 742 – Bonsucesso – Guarulhos
CEP 07177-120 – Tel/Fax: 3333 2474